保育実践力アップシリーズ 1

「気になる子」と
言わない保育

こんなときどうする？ 考え方と手立て

赤木和重　岡村由紀子 編著
Akagi Kazushige　Okamura Yukiko

ひとなる書房

はじめに

　今、この文章を読んでくださっていること、それを嬉しく思います。
　山ほどある"気になる子"・"保育"の本の中でこの本を手に取ってくださったということは、どこか私たちの感覚と通じるところがあるからだと思うからです。
　私たちは、きっと、そういう保育者がいると信じて、どうやったらその人たちの助けになれるだろうかということを何度も話し合って、この本を書きました。

　"気になる子""発達障害""特別支援"これらのキーワードは、ここ10年程の間に広く認知され、保育（幼児教育）の現場に、医師や心理士など、発達や障害の専門家が関わるようになりました。関連の書籍も、専門的なものから、お手軽なものまで本当にたくさん出ています。書き手は、保育者の悩みや困り感を解消しようと、障害の特性や個別の支援の方法を具体的に丁寧にわかりやすく書いています。保育者は子どものために、保育のために、と本を読み、実践に取り入れます。どちらも良かれと思って、一生懸命にやっているはずです。
　でも、発達相談などで"気になる子"と、巡回相談などで"保育"と、その両方と関わっていると、今の保育園や幼稚園で行われている支援と言われる現状は「やっぱり変だ」と感じることが多かったのです。

方法が先行してしまい、保育現場が何十年もかけて深め大切にしてきた「子ども観」や「発達観」が薄まってしまっている気がするのです。大人の都合になりがちで、子どもの思いが大切にされていない気がするのです。"障害"や"個"ばかりが重視され、"集団"があまり語られないと感じるのです。

　でも、きっとそれは一生懸命やろうとして、保育者が気付いていないから。

　餅は餅屋。保育は保育者。

　そこに気付いて、保育・教育の思いや力が発揮されれば、子どもの思いが大切にされれば、保育現場だからこそ、幼児期だからこそ、集団だからこそできる実践（支援）があるはずです。

　「なんか変だ」「なんかうまくいかない」と感じて、毎日実践をされている保育者の皆さんに、「何が変なのか」そして「どうしたらいいのか」のヒントが伝えられ、毎日の実践が豊かになるように、この本をつくったつもりです。

　私たちのような考え方もあるのだと少しでも多くの人に知ってもらい、子どもにも保育者にも笑顔が増えるといいなと願っています。

　　　　2013年7月　フィールドの違う著者4名を代表して　馬飼野陽美

本書の使い方

本書は2部に分かれています。第1部は「よくしゃべる」「我慢ができない」「1人で遊んでばかりいる」など「気になる子」が示す姿を取り上げて、「どう理解すればいいのか」「どう保育をすればいいのか」について具体的に書いています。各事例で完結していますので、どこから読んでもらってもかまいません。第1部の使い方について説明します。

> 保育のなかでよくありそうな「気になる子」の姿を、22事例、取り上げました。
> （執筆担当：赤木）

> 「気になる」行動の理由を子どもの目線になって書いています。あわせて、子どもから見て「よくありそうな対応」がどのように映っているのかも書いています。　（執筆担当：金子・馬飼野）

事例❶ 話を聞かなければならない場面で、よくしゃべる

A君（4歳・年中クラス）は、お話を聞く場面で、いつも自分の言いたいことばかりしゃべります。保育者が注意しても、少しは静かになりますが、また、しゃべりはじめます。その繰り返しの毎日です。

どうしてだろう？
◆しゃべりたい気持ちを、がまんできない？
◆場の雰囲気をわかっていないのかな？

でもね、子どもの側から見てみると

"ぼくも"しゃべりたい、"今"しゃべりたい

しゃべりたくなるような面白いこと、素敵なことがあったのかもしれません。それを思い出したのかな？

先生に注意されて、その時はいったん止まっても、A君の「しゃべりたい」気持ちは満たされないままです。それでは、同じことを繰り返してしまうことになるでしょう。

それならばと、前ページにあるように、1対1で聞いてあげる時間をとったとしましょう。そうしたら、この場面でA君は静かに聞いているでしょうか？　話したいことを今、思い出したら、その前に先生と話していても、今、しゃべりたいですよねぇ。

先生ばっかりしゃべる時間があるの？

考えてみると、先生がしゃべり、子どもがお話を聞くというのは、先生が決めたことなのです。だからA君がしゃべりだすと、「勝手にしゃべる」ととらえるんですね。A君からしたら、「勝手に」の意識はないのでは？
ちょっとでも聞くことで、落ち着く場合も

あります。「受けとめてもらえた」という満足した気持ちになったら、先生の話を聞いてもいいかなって思えるのでは？

みんなもしゃべりたい、聞いてもらいたい

A君がしゃべりたいなら、他の子たちだって、先生やみんなにお話したい気持ちもあるはずです。A君のようにアピールしてくる子の受け止めだけでよいのでしょうか？
では、先生が他の子たちの話を一人ひとり聞いてみましょうか？　その間、A君も含め、残った子たちの気持ちは宙ぶらりんですね。

よくありそうな対応

■「おやくそく表」をつくってみよう

「おやくそく」という、確かなルールをつくることで、子どもは「いま、何をすべきか」に気づくことができます。「おやくそくボード」などを使って、視覚的・具体的にルールを掲示しましょう。話し言葉だけでは、子どもはすぐに忘れてしまうので、ぜひ目に見える形でルールを決めましょう。

■毎日決まった時間に1対1で話を聞く

子どもにルールを守らせる時と、子どもの話を聞く時とのメリハリが大事です。全体の場面では、子どもの個人的な話は無視します。「ご飯食べたらお話をしようね」と言って、今は話すべきではないことを伝えましょう。

■「話す人マイク」を使う

子どもが話す時に、「とくべつマイク」をつくりましょう。マイクを使うと、話す人であるかが明確になります。子どもは、いつ話していいのかがわかるために、ガマンする行動につながります。マイクには、子どもの好きなシールなどを貼ると、より意欲がますでしょう。

確かに、このような対応でもいいような。でも、やっぱりなんか違うんじゃないかなぁ……気になるあなたは、次のページを！

よくありそうな対応の気になるところ

■「おやくそく表」の意義をすべては否定しません。しかし、ここで大事にしたいのは、「ルールを守ろう」という子どもの気持ちがあるかどうかです。子どもに「ルールを守ろう」という気持ちがなければ、「おやくそく表」は保育者の押しつけになります。子どもが自分のルールを守ろうという自律的な心は身につきません。

■個別対応も必要な時があります。しかし、現実的には、毎回丁寧に、子どもの話を聞けるわけではありません。なにより、「困った時は1対1」では、その子どもはもちろん、他の子どもにとっても、お互いのことを考え、思いやっていく姿は引き出せません。

■「マイク」というわかりやすい教材を使うことは、よく薦められます。しかし、子どもが葛藤を抱える「困った」場面は、実は、集団をつくり、それぞれの個人の内面を豊かにする場面でもあります。そのような発達する機会を逃すことにもなります。

> ハウツー本でよく書かれているような対応や、保育者がとるであろう素朴な対応など「よくありそうな」対応を書いています。
> （執筆担当：赤木）

> 「よくありそうな対応」の気になるところや問題点について、発達心理学の視点から批判的に書いています。
> （執筆担当：赤木）

「よくありそうな対応」とは違った形で保育が展開できることを紹介しています。筆者がかかわるあおぞらキンダーガーデンと平島幼稚園で行われた実際の保育実践がもとになっています。（執筆担当：岡村）

事例 1

話を聞かなければならない場面で、よくしゃべる

そこで、視点を変えるとこんな実践も

おさんぽ
どこにいこうかな？
楽しいことなら我慢ができるよ

まさと……4歳児。好きな時におしゃべりをたくさんする
だいち……まさと君の気に入っている友達
CDEFGHI……クラスの子ども

水曜日にお弁当を持って出かけるため、目的地を決める話し合いが、みんなが集まってきた時、始まりました。
保育者「今度のお弁当の日、どこに行くか相談しようね」と言うと、
子ども「このあいだいったところがいい」
　　　「えー？　いや。おすべりの大きいのがあるところがいい」
　　　「カエルがいるところいい」
　　　「川がいい」
と話す中、まさと君は、テレビのヒーローの話をし始めました。隣のだいち君もまさと君と一緒にヒーローの話を楽しそうにし始めました。
そこで、話を聞いていたC君に
保育者「お話聞こえる？　C君」と聞くと首を横に振りました。すると、
D　「きこえないよ。しゃべっているから」
E　「うるさいよ」の声にだいち君は、はっとしたように黙ってしまいました。そして、まさと君は、そんなだいち君を見て話をやめました。
そこで、また保育者が話し始めるとまさと君は、再びヒーローの話をし始めました。そこでまさと君に、
保育者「そうかぁ。強いんだね○○は。でも今、お散歩どこへ行くのか決めているから、終わったらお話聞くね」と話すと、
F　「そうだよ。お弁当の日の話をしているんだよ」
G　「きこえないよ」
H　「川がいい」
I　「カエルいたもん」……の子どもたちの声。そこで、

ここがポイントね！

しゃべってるまさと君やだいち君ではなく、間接的にC君に聞いてるよ。
こうすると、先生とまさと君だいち君だけの問題じゃなくて、みんなに広がるもんなぁ。

まず注意→共感、ではなく、まず共感→注意。先に注意されてからじゃ、気分悪いもんねぇ。しかしこれ、私もわかっててもなかなかできない。

保育者「カエルがいるところがあるって話しているんだけど。まさとちゃんカエル好き？」
と言うと、まさと君と一緒に遊んでいることの多いだいち君は、まさと君より早く、
だいち「まさと君すきだよ。カエル」の声に、うれしそうなまさと君。
そして、カエルは、いろいろな色があり、大きさが違うことなどを、まさと君は、みんなに教えてくれました。
その後は、「今度のお弁当の日、どこに行くか」の話は進み、少し遠いけれど川沿いを歩き、お花も摘んで、カエルがいるところに決まりました。
もちろん、その後まさと君は、ヒーローのかっこいいところを教えてくれて、身振り手振りで、やってみせてくれました。

まさと君が、カエル好きだってこと知っていてＩちゃんの意見を拾ってるわけでしょ？さすがです。お散歩には関心なくたって、カエルには関心がある。それぞれの子どもが気持ちを寄せることができるポイントがあるもんね。

指導のポイント

〜楽しみがあると我慢ができる〜
　子どもたちを集める時は、保育者が一方的に「あつまりまーす」と働きかけるのではなく、子どもたちが「集まることの意味」を理解する指導、たとえば、「今からお散歩どこに行くか相談するから集まろうね」などと働きかけることが大切です。子どもは、楽しいことが分かると我慢することができます。話し合いの前にどんな指導をしたか？　を考えることが大切です。

〜共感が安心をうむ〜
　子どもの発した言葉に頷いたり、目を合わせると、子どもはその場所を安心に変えます。そのことで、その後の保育者や友だちの言葉を聞く力が強くなります。

環境設定

〜大好きな人がいると安心できる〜
　まさと君が話し始めたとき「そうだね。このお話が終わったらね」とさりげなく、共感的に声をかけられる距離に座れるようまさと君が座ったところに集まるということいいですね。またまさと君の隣に大好きなお友だちやグループのお友だちが来ることで、気持ちが落ち着いたり、お互いを理解し合うチャンスになります。

保育実践を、心理職が解説しています。解説というよりも、つぶやきに近いです。保育実践を深く読み解いていく参考になればうれしいです。
（執筆担当：馬飼野）

保育実践から導かれる保育のあり方を「指導のポイント」「環境設定」として簡潔にまとめています。
（執筆担当：岡村）

　続く第2部では、第1部の具体的な事例の背景にある子ども理解や保育理論についてまとめています。第1部を読まれて「なぜ、このような保育を思いつくの？」と不思議に思われた方は、第2部をお読みください。より理解が深まります。

Contents 「気になる子」と言わない保育——こんなときどうする？ 考え方と手立て

はじめに　2
本書の使い方　4

第1部 こんなときどうする？ 考え方・手立て・実践の展開　11

事例1●話を聞かなければならない場面で、よくしゃべる　12

事例2●テンションが上がってしまい、動きが止まらない　16

事例3●活動の切り替えが悪い　20

事例4●次の活動にスムーズに参加できない　24

事例5●いつも、ちょっとゆっくり　28

事例6●注意をしても、よくかみつく　32

事例7●保育者との間で笑いがつながらない　36

事例8●友だちを叩いては楽しそうに笑う　40

事例9●1人でばかり遊ぶ　44

事例10●自分の世界に入って、なかなか抜け出せない　48

事例11●「勝ち」や「一番」にこだわる　52

事例12●謝るのだけれど気持ちがこもっていない　56

事例13●乱暴な言葉や酷い言葉を出す　60

事例14●日によって調子の波が激しい　64

事例15●おとなしく、感情が見えにくい　68

事例16●逃げ出すほど音に敏感な子ども　　72

事例17●水が苦手でプールや水あそびを怖がる　　76

事例18●偏食が強くて、限られたものしか、食べない　　80

事例19●ご飯が配膳されるとすぐに食べてしまう　　84

事例20●周りの子が、特定の子どもを怖がる　　88

事例21●「気になる子」が複数いてまとまらない　　92

事例22●○○ちゃんだけ ずるい～　　96

第2部 実践力アップを支える 子ども観と保育観　101

第1章 発達の視点から「気になる子」を理解する
　　　　　　　　　　　　　　　　　赤木和重　102

1　「気になる子」だけが気になるのではない　102
　①子どもが気になる：子ども自身の「中」にある特徴としての「気になる」　102
　②保育が気になる：保育が貧しい結果としての「気になる」　103
　③集団が気になる：集団が育っていない結果としての「気になる」　104

2　保育を改善するには？　105
　　　──あなたの保育観・子ども観が問われている
　①保育技術や発達・障害の知識だけを獲得しても、保育はよくならない　105
　②鍵は、保育者視点ではなく、子ども視点から出発すること　106

3　「気になる子」の視点に立つということ　107
　　　──第1部に立ち戻りながら
　①よくしゃべる子ども　108
　②切り替えの悪い子ども　109

4 子ども視点に立つための5つの発達的理解　110
①発達の各時期に応じた子どもの考え方・感じ方がある　110
②発達とは自己運動である　113
③子どもが変わるきっかけは、子どもたちのなかにある　115
④問題行動の裏にある子どもの思いをつかむ　117
⑤「気になる子」の気にならないところを見る　120

おわりに　「子どもが変わる」ことへの信頼を　123

第2章　みんなで育ち合う楽しい保育のつくり方
　　　　　　　　　　　　　　　　　　岡村由紀子　126

はじめに　126

1　ちょっと違う子どもの姿——でも、楽しみ方は同じ　128

2　「気になる子」を含む保育創造3つの視点　129

3　指導について　129
1) 個への指導　130
　①共感する　130
　②環境をつくる　131
　③イメージを持ちにくい場合の対応　131
　④見えにくい要求語（表情・単語）への対応　131
　⑤突然の危険な行為や問題行動への対応　132
　⑥気をつけたい保育者の声　132

2) 集団への指導　133

3) 個と集団の育ちをとらえる：4つの時期に分けて　134
　1期：個のあそびの自己充実期　134
　2期：興味のあること・あそび・人に関心を持つ時期　134
　3期：集団のあそびや活動と個の充実に自分で折り合いをつける時期　135
　4期：集団のあそびと個のあそびがからみ、
　　　　仲間の要求で折り合いをつけ、豊かなあそびが展開する時期　135

どの子にも「今日も、あー楽しかった！」と思う毎日を！　136

一人でも、保育は変わる　140

　1　子ども心を知るところから始める　140

　2　子どもは、自ら変わる　141
　　1）大人の評価語をやめ、子どもが自分自身に気づく言葉と
　　　たくさん出会わせること　141
　　2）大きくなっている自分に誇りや自信を持つ言葉や
　　　行為と出会わせること　142

　3　子どもがつながる　142
　　1）園を安心できる場所にする　143
　　2）うれしいことも困ったことも、子どもとの関係のなかで　143
　　　①大好きな人をつくる　143
　　　②トラブルは、相手を知るチャンス　143
　　　③できなくても人の世話をするのは、仲間への関心　144
　　　④「言いつけ」も、仲間への関心　144
　　　⑤「我慢」は、楽しい見通しのなかで　144
　　3）大人もクラスの仲間の1人　145
　　　①子どもと一緒に保育をつくる　145
　　　②時には保育者も率直な感情表現を　145

保育仲間をつくって、もっと変わる　146

　1　「ない」から「たら」へ　146

　2　時間軸と空間軸を長くとりましょう　146

　3　ありのままの自分を共感し合いましょう　147
　　1）思っていることを語り合いましょう　147
　　2）子どもの素敵な姿を書きとめ、語り合いましょう　147
　　3）親たちに「おたより」にして、伝えましょう　148

　4　子どもを真ん中に語り合う場をつくりましょう　149
　　1）ほんの少しの時間でも　149
　　2）ほんの少し学習も　149

5　研修会の参加や研究会へ実践を！　　149
        1）自主的な学びを　　149
        2）自主的な学びを園の仲間へ　　149

あとがき（岡村由紀子・赤木和重）　　150

※本書に登場する子どもの名前は、第2部2章最後のエピソードをのぞき、すべて仮名です。

第 1 部

「気になる子」と言わない保育

こんなときどうする？
考え方・手立て・実践の展開

事例 ①

話を聞かなければならない場面で、よくしゃべる

A君（4歳・年中クラス）は、お話を聞く場面で、いつも自分の言いたいことばかりしゃべります。保育者が注意しても、少しは静かになりますが、また、しゃべりはじめます。その繰り返しの毎日です。

どうしてだろう？
◆しゃべりたい気持ちを、がまんできない？
◆場の雰囲気を分かっていないのかな？

よくありそうな対応

■「おやくそく表」をつくってみよう
「おやくそく」という明確なルールをつくることで、子どもは「いま、何をすべきか」に気づくことができます。「おやくそくボード」などを使って、視覚的・具体的にルールを掲示しましょう。話し言葉だけでは、子どもはすぐに忘れてしまいます。ぜひ目に見える形でルールを決めましょう。

■毎日決まった時間に1対1で話を聞く
子どもにルールを守らせる時と、子どもの話を聞く時とのメリハリが大事です。全体の場面では、子どもの個人的な話は無視します。「ご飯食べたらお話をしようね」と言って、今は話すべきではないことを伝えましょう。

■「話す人マイク」を使う
子どもが話す時に、「とくべつマイク」をつくりましょう。マイクを使うと、話す人が誰であるかが明確になります。子どもは、いつ話していいのかが分かるために、ガマンする行動につながります。マイクには、子どもの好きなシールなどを貼ると、より意欲がますでしょう。

確かに、このような対応でもいいような。でも、やっぱりなんか違うんじゃないかなぁ……気になるあなたは、次のページを！

事例1　話を聞かなければならない場面で、よくしゃべる

でもね、子どもの側から見てみると

"ぼくも"しゃべりたい、"今"しゃべりたい

　しゃべりたくなるような面白いこと、素敵なことがあったのかもしれません。それを思い出したのかな？

　先生に注意されて、その時はいったん止まっても、A君の「しゃべりたい」の気持ちは満たされないままです。それでは、同じことを繰り返してしまうことになるでしょう。

　それならばと、前ページにあるように、1対1で聞いてあげる時間をとったとしましょう。そうしたら、この場面でA君は静かに聞いているでしょうか？　話したいことを今、思い出したら、その前に先生と話していても、今、しゃべりたいですよねぇ。

先生ばっかりしゃべる時間があるの？

　考えてみると、先生がしゃべり、子どもがお話を聞くというのは、先生が決めたことなのです。だからA君がしゃべりだすと、「勝手にしゃべる」ととらえるんですね。A君からしたら、「勝手に」の意識はないのでは？

　ちょっとでも聞くことで、落ち着く場合もあります。「受け止めてもらえた」という満足した気持ちになったら、先生の話を聞いてもいいかなって思えるのでは？

みんなもしゃべりたい、聞いてもらいたい

　A君がしゃべりたいなら、他の子たちだって、先生やみんなにお話ししたい気持ちもあるはずです。A君のようにアピールしてくる子の受け止めだけでよいのでしょうか？

　では、先生が他の子たちの話を一人ひとり聞いてみましょうか？　その間、A君も含め、残った子たちの気持ちは宙ぶらりんですね。

よくありそうな対応の気になるところ

■「おやくそく表」の意義をすべては否定しません。しかし、ここで大事にしたいのは、「ルールを守ろう」という子どもの気持ちです。子どもに「ルールを守ろう」という気持ちがなければ、「おやくそく表」は保育者の押しつけになります。子どもが自分でルールを守ろうという自律的な心は身につきません。

■個別対応も必要な時があります。しかし、現実的に、毎回丁寧に、子どもの話を聞けるわけではありません。なにより、「困った時は1対1」では、その子どもはもちろん、他の子どもにとっても、お互いのことを考え、思いやっていく姿は引き出せません。

■「マイク」という分かりやすい教材を使うことは、よく薦められます。しかし、子どもが葛藤を抱える「困った」場面は、実は、集団をつくり、それぞれの個人の内面を豊かにする場面でもあります。子どもが発達する機会を逃すことになります。

13

事例 ①

話を聞かなければならない場面で、**よくしゃべる**

そこで、視点を変えるとこんな実践も

おさんぽ
どこにいこうかな？
楽しいことなら我慢ができるよ

まさと……4歳児。好きな時におしゃべりをたくさんする
だいち……まさと君の気に入っている友達
ＣＤＥＦＧＨＩ……クラスの子ども

　水曜日にお弁当を持って出かけるため、目的地を決める話し合いが、みんなが集まってきた時、始まりました。
保育者「今度のお弁当の日、どこに行くか相談しようね」
　　　と言うと、
子ども「このあいだ行ったところがいい」
　　　「えー？　いや。おすべりの大きいのがあるところがいい」
　　　「カエルがいるところがいい」
　　　「川がいい」
と話す中、まさと君は、テレビのヒーローの話をし始めました。隣のだいち君もまさと君と一緒にヒーローの話を楽しそうにし始めました。
　そこで、話を聞いていたＣ君に
保育者「お話聞こえる？　Ｃ君」と聞くと首を横に振りました。すると、
　Ｄ　「きこえないよ。しゃべっているから」
　Ｅ　「うるさいよ」の声にだいち君は、はっとしたように黙ってしまいました。そして、まさと君は、そんなだいち君を見て話をやめました。
　そこで、また保育者が話し始めると、まさと君は再びヒーローの話をし始めました。そこでまさと君に、
保育者「そうかあ。強いんだね○○は。でも今、お散歩どこへ行くのか決めているから、終わったらお話聞くね」と話すと、
　Ｆ　「そうだよ。お弁当の日の話をしているんだよ」
　Ｇ　「きこえないよ」
　Ｈ　「川がいい」
　Ｉ　「カエルいたもん」……の子どもたちの声。そこで、

ここがポイントね！

しゃべってるまさと君やだいち君ではなく、間接的にＣ君に聞いてるところ。
こうすると、先生とまさと君、だいち君だけの問題じゃなくて、みんなに広がるもんなぁ。

まず注意→共感。ではなく、まず共感→注意。先に注意されてからじゃ、気分悪いもんねぇ。しかしこれ、私も分かっててもなかなかできない。

事例1　話を聞かなければならない場面で、よくしゃべる

保育者「カエルがいるところがあるって話しているんだけ
　　　ど。まさとちゃんカエル好き？」
　　　と言うと、まさと君と一緒に遊んでいることの多い
　　　だいち君は、まさと君より早く、
だいち「まさと君すきだよ。カエル」の声に、うれしそう
　　　なまさと君。
　　そして、カエルは、いろいろな色があり、大きさが違う
　ことなどを、まさと君は、みんなに教えてくれました。
　　その後は、「今度のお弁当の日、どこに行くか」の話は進
　み、少し遠いけれど川沿いを歩き、お花も摘んで、カエル
　がいるところに決まりました。
　　もちろん、その後まさと君は、ヒーローのかっこいいと
　ころを教えてくれ、身振り手振りで、やってみせてくれま
　した。

> まさと君が、カエル好きだっ
> てこと知っていてIちゃんの
> 意見を拾ってるわけでしょ？
> さすがです。お散歩には関
> 心なくたって、カエルには関
> 心がある。それぞれの子ども
> が気持ちを寄せることができ
> るポイントがあるもんね。

指導のポイント

～楽しみがあると我慢ができる～

　子どもたちを集める時は、保育者が一方的に「集まりまーす」と働きかけるのではなく、子どもたちが「集まることの意味」を理解する指導、たとえば、「今からお散歩どこに行くか相談するから集まろうね」などと働きかけることが大切です。子どもは、楽しいことが分かると我慢することができます。話し合いの前にどんな指導をしたか？　を考えることが大切です。

～共感が安心を生む～

　子どもの発した言葉に頷いたり、目を合わせると、子どもはその場所を安心に変えます。そのことで、その後の保育者や友だちの言葉を聞く力が強くなります。

環境設定

～大好きな人がいると安心できる～

　まさと君が話し始めた時、「そうだね。このお話が終わったらね」とさりげなく、共感的に声をかけられる距離に座れるよう、まさと君が座ったところに集まるということもいいですね。また、まさと君の隣に大好きなお友だちやグループのお友だちが来ることで、気持ちが落ち着いたり、お互いを理解し合うチャンスになります。

事例 ❷

テンションが上がってしまい、動きが止まらない

B君（4歳・年中クラス）は、楽しいことやびっくりすることがあると、心も体も興奮してしまい、部屋の中をグルグルと走り回ります。そうなると保育者の制止の声かけがまったく入りません。

どうしてだろう？
◆感情の抑制ができないのかな？
◆先生の指示を忘れてしまうのかな？

よくありそうな対応

■ **いったん、B君を静かな別室に移し、興奮を鎮めよう**

テンションが上がると、保育者の指示が入らないのは仕方がありません。無理に注意しても逆効果です。また、部屋にいたままでは、他の子どもも、つられて動き始めます。そのため、B君を静かな別室に移動させて、落ち着かせます。落ち着いたら、静かな声で「お部屋に入ろうね」と伝えましょう。

■ **活動を始める前に、「お約束」をする**

活動が始まる前に、「お椅子に座って歌いましょう」など、クラス全員で約束をしておきましょう。この時は、B君も、落ち着いているので、約束することができるはずです。

■ **静かになる目印をつくる**

クラスのなかで、静かになる目印を予めつくっておきましょう。たとえば、クラスを静かにする「静かちゃん人形」を教室の前に置いておきます。そして、騒がしくなったら「静かちゃんが魔法をかけるよ〜」と言って、楽しく静かにさせます。

確かに、このような対応でもいいような。でも、やっぱりなんか違うんじゃないかなぁ……気になるあなたは、次のページを！

事例2　テンションが上がってしまい、動きが止まらない

でもね、子どもの側から見てみると

静止しなきゃいけないのはどんな時なの？

先生のほうが「今、私が、止めなくちゃいけない」って思いすぎてないでしょうか？

そのうちに、自分で、止まるかもしれませんよ。

というか、止められなくても、必ずいつかは止まるはずです。それはどんなきっかけなのでしょうか？

4歳の子どもは、自分で自分をコントロールし始めます。先生がいつも止めるという行為を続けていると、そのポイントを逃してしまうことになるかもしれません。

子どもを信じて、もうちょっとだけ待ってみるってのは、どうでしょう。

それくらい楽しいんだね。そのくらいびっくりしたんだね

B君は、気持ちを体で表現してるんですよね。楽しかったり、びっくりしたりして体が動くのは、自然とも思えます。

「やったー!!」と跳ねたり、「びっくりしたぁ」と大きな声で泣いたりすることは、他の子でもあることです。

そんな時、先生たちはどうしますか？きっと、「うれしいねぇ」とか、「びっくりしちゃったね」とか共感の言葉をかけますよね。まずは、それと同じです。どんな時にテンションが上がるのか、理由が今分かっているのならば、大人はその気持ちを受け止めたいところです。

よくありそうな対応の気になるところ

■興奮した子どもを別室に移動させるという指導は、特別支援教育では「カームダウン」と言われ、一般的な手法になりつつあります。落ち着かせるという意味では効果があります。しかし、そのことで、B君はあそびが中断されます。また、他の子どもは連れて行かれるB君を見て、どう思っているでしょうか。B君に対し「特別な子ども」「何か違う子ども」というまなざしを向けることにつながります。

■約束するためには、お互いが納得していなければいけません。その納得するプロセスを欠いたまま「約束」といっても、自ら約束を守ろうとする気持ちは芽生えないでしょう。

■人形などで「静かになる目印」をつくることも、よく見られます。楽しく静かになるので、何の問題もないように思われます。確かに、しかりつける保育よりもよっぽどいいです。しかし「4歳（年中クラス）」という年齢を考えた場合、このような対応は幼く感じます。人形に静かにさせられるだけでなく、子どもが、自分の気持ちや身体を自分で調整できる姿を引き出すことが重要です。

事例 ❷

テンションが上がってしまい、動きが止まらない

そこで、視点を変えるとこんな実践も

うたをうたうまえに
そり（リズム）するよ
うれしい時にはいろんな表現があるよ

けんた……4歳児。楽しくなると止まらず、気持ちが一人で盛りあがっていく
ともや……けんたと遊ぶことが多い
ＣＤＥ……クラスの子ども

　保育室で、うたを歌おうと声をかけると、子どもたちがピアノの周りに集まってきました。
保育者「どんなうた、歌いたいかなあ？」と聞くと、
ともや「あわてんぼうのサンタクロースうたいたい」と、この頃よく歌っているうたのリクエストがあがりました。続いて、
　Ｃ　「やきいもジャンケンがいい」
　Ｄ　「はしれはしれがいい（かぜのこどもたち）」があがり、歌い始めました。
　するとけんた君がうれしそうに部屋の中を走り回り始めました。けんた君の姿を見てともや君は、今にも走り出しそうです。Ｅ君は、笑っています。
　歌うよりけんた君の走り回る姿に気をとられる子どもたち。そこで、
保育者「けんた君どうしたのかなー」と言うと、
　Ｃ　「今は歌っているよ」とけんた君に言っています。
保育者「けんた君楽しそうだね。何がうれしいのかな」
　Ｄ　「うるさいよ」
保育者「どうしたいのかなあ。トナカイさんになってサンタさん連れてきたのかな」の声にうれしそうなけんた君。
　そこで、2曲目のやきいもジャンケンのうたの前に、みんなでリズムの中にある「そり」をやろうと思い（サンタをイメージする）、提案するとけんた君が、ともや君の隣にやってきました。
保育者「サンタさんきたらうれしいものね」と言うと「○○がほしい」と子どもたちが、それぞれに言い始めました。すると、

「集まって〜！」で、そのあと何をするか告げるのではなく、うたを歌うために子どもたちが集まってくる。こっちのほうが自然だよね。

決まってないのか！って突っ込みたくなっちゃうくらい。リクエストに応えて、いくつも弾けるっていう力がないと、こんなふうには聞けないよね…。(保育者にとって当然のこと？)

またも、やっぱり、他の子たちに投げかけている。

けんた君の行動を、正確な理由ではなく、子どもたちにとって分かるように（子どもの世界で）伝えてる。これならみんなも楽しめるよなぁ。

18

事例2　テンションが上がってしまい、動きが止まらない

ともや「みんなで、そりやろう」の声に、子どもたちは「いいよー」とうれしそうです。
けんた「いいよ。ともや君とやる」と決まり、みんなでリズムの「そり」を楽しみました。
　みんなで「そり」をやった後、続きのうたを歌い始めました。もちろんけんた君も一緒です。

指導のポイント

～子どもの本当の気持ちをつかむ～

「けんたちゃんうれしくなっちゃったんだね」と声をかけ、突拍子もない行動の意味を言葉で表したり、一緒に行動して共感します。けんたちゃんは、そのことで、行動の意味を理解したり、うれしかった経験をベースにその後「うれしい時にはいろいろな表現がある」ことを理解しやすくなります。

～個の動きと集団の動きをつなぐ～

テンションが上がって駆け回るけんたちゃんと一緒に走り回るなんて！　収拾つかなくなる！　なんて考えがちですが、感情表現には、いろいろあることを集団が学ぶチャンスです。そしてこの方法が集団として「イヤだった」ということであれば、子どもたちで「うれしかった時には、どんな表し方があるか」を話し合い、そして、けんたちゃんに「うれしいのは分かるけど今は言葉で『うれしい！』とか、拍手にして」と要求することが大事ですね。

集団は、自分と違った感情表現を知り「今にふさわしい表現」を学んでいます。

～たくさんの愛をプレゼント～

また、そんな余裕もない時には「うれしくなっちゃったんだね。でも今大事なんだ」と抱きしめて行動を止めることも考えられますね。

環境設定

～見えにくい心を分かる仲間を～

けんたちゃんの表現方法が分かる集団の中で「安心して生活できる」「居心地のよいところ」という環境が、けんたちゃんに自律的自己コントロール形成をうながしていきます。豊かで温かいクラスになっているかどうかが、大事ですね。

事例 ❸

活動の切り替えが悪い

J君（5歳・年中クラス・幼稚園）は、活動の切り替えがスムーズではありません。遊びたいという気持ちが強いと、保育者が次の活動に誘いかけても、乗ろうとはしません。つい先日も、お帰りの場面になっても、「まだ遊びたい～」と、1人ごねていました。

どうしてだろう？
◆見通しがついていないのかな？
◆活動のはじまりやおわりが分かってないのかな？

よくありそうな対応

■いつまで遊ぶのかを予め伝える

J君にとっては、いつになったらあそびが終わるのか、また、いつになればお迎えがあるのかが理解できていないのかもしれません。だから、保育者が「お帰りの時間」と言っても納得できず、ごねてしまうのでしょう。

「いつまでするのか」「いつからするのか」を、伝えることが大事です。「6の針になったら電車あそびはおしまいです」と予め終わりの時間を伝えたり、「鈴がなったらお母さんがお迎えに来ます」など、事前にお迎えの活動を知らせる工夫をしましょう。

■お母さんにお迎えに来てもらう時間を調整してもらう

J君が活動をスムーズに切り替えにくいのは、「こだわり」の1つかもしれません。そうだとすれば、予定を伝えても、すぐには切り替えられません。その場合、お母さんに協力をお願いしましょう。

お母さんには、お迎えの時間の最後のほうに来てもらい、子どもがゆっくり遊ぶ時間を保障するようにします。

確かに、このような対応でもいいような。でも、やっぱりなんか違うんじゃないかなぁ……気になるあなたは、次のページを！

事例3　活動の切り替えが悪い

でもね、子どもの側から見てみると

そりゃそうだ。楽しいんだもんねぇ

　「気になる子」だけでなく、大体、子どもたちは家に帰りたがらないものではないですか？　お父さん・お母さんなら誰だってこういう場面の経験があるはず。
　今やってることが、今いるところが楽しいんでしょうねぇ。その楽しいことを終わらせるには、次がもっと楽しいだろうという見通しがないと難しいのです。でも、"帰る"ってのは、楽しいあそびでもおいしい物でもなく、目の前にもない。これじゃあ、子どもにとってはさらに難しいわけですよ。
　終わりたくないほど楽しいことがあるって素敵、うらやましいとさえ思っちゃいます。

「あ〜楽しかった」って思えるほど遊べてる？

　子どもたちが楽しいことを終えるには、満足感、「やりきった」感が必要です。J君、目いっぱい遊べていないのかもしれないですよ。今やっている電車あそびだけでなく、その日一日の活動はどうだったんだろう？　充実したものだったのかな？

　自分で"終わり"をつくれない場合も考えられます。それなら、大人が"きっかけ"をつくる手伝いをしましょう。

切り替えるのは誰？

　言った通りに動くことを大人は求めるのですが、それは果たしていいことなのか？　本来、子どもからしたら、言われて動くのは癪に障るもの。自分で決めて、自分から動けるようにお手伝いをしたいですね。
　忙しい中ではなかなか難しいけれど、本人の決めた終わりを信じて待つことも、大人側の課題かもしれません。

よくありそうな対応の気になるところ

■予め終わりの時間を伝えることは、大事な場合もあります。しかし、それはあくまで、子ども側の「準備」が整っていることが必要です。子どもが、時間の概念を把握し、そのなかで、自律的に行動できる場合に限られます。そして、それは、早くても年長からです。それ以前に時間を導入すると、子どもの気持ちや行動が、時間（時計）に縛られてしまうことになりかねません。

■お母さんに時間を調整してもらうことはあってもいいと思います。しかし、それは、保育のあり方を工夫してもなお難しい場合の「緊急措置」であり、保育内容の質に問題があることを厳しく自覚しておかなければいけません。

事例 ③

活動の切り替えが悪い

そこで、視点を変えるとこんな実践も

こんどは、いっしょによめるといいね
どうしたら終わりにできるか？

ひろき……5歳児。楽しいことを続きにするのは、難しいが、友だちを支えに続きにする姿も見られる
しゅん……ひろき君と遊ぶ姿がこの頃多い

帰る時間が近づいてきたのですが、夢中になって、牛乳パックで工作をしているひろき君。そこで、ひろき君の遊びの区切りを見つけようと「何つくっているの？」と聞くと、ひろき君は、うれしそうに教えてくれました。

保育者「素敵だね。船は、どことどこをつくるとできあがるのかな？　もう少しで、ひろき君のおかあさんくるけど」

ひろき「あとここにキャップをつけて……ここ棒つけたらできる」

保育者「じゃ、それつけたらおしまいにしようね。ひろき君がつくった素敵な船をおかあさんにも見せてあげようね」と言うとうれしそうなひろき君でした。
　ところが、この日は、でき上がった船を見て、しゅん君も船をつくり、船ごっこが始まっていました。

保育者「みんなが集まったら絵本読もうね」とみんなに声をかけながら、しゅん君とひろき君に「この続きは、明日にしようね」と伝えたのですが、船あそびに夢中な2人。そのうち、みんなが集まってきました。

保育者「みんな集まってきたかな？　グループさんの名前呼ぶからみんないるかな？　ってお友だち探してね」とグループの名前を呼んでいくと、ひろき君としゅん君のいるグループは、全員いないことに気づきました。

保育者「あー残念。ひろき君としゅん君いないけれど読めるかなあ？」と聞くと、

子ども「よめないー」という返事や「呼びに行く！」と何人かの子どもたちは、呼びに行くのですが、2人でうれしそうに、

> まず、「続きにする」っていう考え方がステキ。「終わりにする」じゃなくて、「続きにする」。切り上げて片づけるのは同じだけど、意味が全然違うもん。

> 終わりを自分で意識することができる。このあと、ちゃんと自分で言ってるし。

> 他の子どもたちにも、気付かせる。意識させる。

22

事例3　活動の切り替えが悪い

> 2人　「いやー」
> 子ども「しゅん君もひろき君もいないとよめないよー」の声に、
> しゅん「先に読んでいてー」
> ひろき「……」それを聞くと、
> 子ども「わかった。それ終わったらきてよー」と戻ってきて、話のやり取りをみんなに伝えてもらい、
> 保育者「みんなもそれでいい？」と聞くと「うん」ということで読み始めました。
> 読み終わり、さよなら直前「きたよー」と2人がニコニコ戻ってきました。
> 保育者「すごいねー。ちゃんとおしまいにできたんだね」と話し「今度は、一緒に読めるといいねー」と子どもたちに話かけると「そうそう」「一緒に見ようよ」の子どもたちの言葉にうれしそうなしゅん君とひろき君でした。

> やっぱり、信じてみるもんだ。

> 強制ではない、保育者の、子どもたちの"一緒がいい"っていう気持ちで心がポッとしちゃう。

指導のポイント

〜自分の中で切り替える力を〜
　面白いと活動を切れないのは子ども心です。いったんはその気持ちに共感し、自分の中で切り替えられるように「どうしたら終わりにできるか？」を尋ねて、自分でおしまいにすることを大切にします。

〜仲間に気持ちを伝える〜
　ひろきの気持ちも伝えると同時に、ひろきがやっていることで仲間が不利益となること（「はやくきてよ」「困っているよ」など）は、仲間から本人に伝えられるように支えます。本人が自分の気持ちを伝える力を育てることで、違ったことをしていても、ひろきは、自己否定することなく周りとの関係をつける力が育ちます。

〜仲間の中で折り合いをつける〜
　ひろきがやっていることで進まない時には、本人の様子を伝え「先に○○しているから終わったらきてね」と言うなど、みんなで合意をつくります。
　個も仲間も伝える力を持ったら、子ども同士で折り合いをつける力が育ちます。

環境設定

〜大人の人間観が問われます〜
　いつでも、違ったことをしていることがいけないことではなく、それを「意味あること」と理解し合う大人の集団や子どもの関係を日頃からつくることが大事です。

23

事例 ④

次の活動にスムーズに参加できない

C君（5歳・年長クラス）は、マイペースで、設定場面の活動になっても、自分の好きなことをいつまでもしています。保育者が、何度注意しても、次の活動に移ることができません。

どうしてだろう？
- ◆見通しがはっきりしないため、動けない？
- ◆活動の内容が分かっていない？

よくありそうな対応

■**予定表を、壁に貼ろう**
　C君は、見通しが分からないために、活動を終えることができないのかもしれません。その場合、クラスの壁に、予定表を掲示して、朝の会の時にみんなで確認するようにしましょう。そうすることで、子どもたちが自分で、流れを確認し、自ら動けるようになります。

■**次の活動が始まる少し前に「個別予告」をする**
　急に次の活動を全体に説明しても、C君には届いていない可能性があります。そのため、活動が始まる少し前に、「C君、終わりますよ」、「12の針になったら電車のあそびは終わりです」と声かけをしましょう。

■**次の活動を提示する**
　次に何をするかが理解できないために、今のあそびを終えることができないかもしれません。そこで、次の活動に用いる教材などを彼に見えるように示し、活動を切り替えるようにしましょう。

確かに、このような対応でもいいような。でも、やっぱりなんか違うんじゃないかなぁ……気になるあなたは、次のページを！

事例4　次の活動にスムーズに参加できない

でもね、子どもの側から見てみると

この状況で困っているのは誰なの？！

　もちろん、困っているのは先生ですよね。では、なぜ、先生は困るのでしょう？　設定場面なのに、C君が参加しないからですね。
　その設定場面は、今、全員が参加しなければいけないものですか？
　そもそも、その活動は、設定しなければいけないものなのでしょうか？　考えてみると意外と違ったりして。

こっちのほうが面白い！

　さて、そうだとしても、C君はなぜ参加しないのでしょう？
　そりゃ、簡単なしくみ。提示された内容よりも、今のあそびのほうがいいからです。先生の言うほうが魅力的なら、参加するはずですもの。
　とは言え、次の活動が本当に嫌いなことでなければ、大人の設定したタイミングとその子の気持ちの切り替わるタイミングが合えば参加するはずです。そのサインに気付けていますか？　全体の方をチラッと気にする瞬間とかあるんじゃないのかな？

予告も必要だけど、そのやり方

　確かに、気持ちを切り替える時には、予告・きっかけがあることが大事です。だから、個別予告、時計を見せる、タイマーをかける、鈴を鳴らす……、とよくありそうな対応になるわけですが、鈴やチャイムで動くなんて、ちょっと気持ち悪い感じしませんか？　私なんかは「犬かっ!?」ってツッコミたくもなる時もありますけど。
　どうも大人都合な印象を受けてしまうのは、その子自身の気持ちが動くような、"いい見通し"がないからです。子どもには自分で折り合いをつける、そんな力をつけたいと思いませんか？

よくありそうな対応の気になるところ

■「予定表」「個別予告」「次の活動の提示」。このすべてに共通しているのは、保育者の都合であそびを切り替えようとしていることです。
　そうではなく、子どもたちが自分たちで切り替えたくなる思いや、今の活動を充実してしめくくれる実感をつくりだすことが重要です。

25

事例 ④

次の活動にスムーズに参加できない

そこで、視点を変えるとこんな実践も

すなあそびは、おもしろくてたまらない
「続きにする」で納得

さとし……砂場あそびが大好きで毎日やっている。他のあそびや活動に興味がなかなかいかない
ゆうた……クラスの子ども。砂場でさとしとよく遊んでいる
ＣＤＦＧＨ……クラスの子ども

　雨の日も砂あそびが好きなさとし君はこの日も、4人の子どもたちと楽しんでいました。そして、午後から健康診断があるため、集まる前に遊んでいる子どもたちに、
保育者「次に声をかけたら、今日は続きにしてね。お昼食べたら病院の先生が体の中に悪い病気はないかな？ って診てくれるから。お昼は、早く食べるので片付けてね」と言うと、
　　Ｄ　「知ってる」、Ｇ　「前もやったことがある」、Ｈ　「おかあさん言ってたもん」の声。
　他で遊んでいる子どもたちにも声をかけ、2～30分した後に、
保育者「続きにできるかな？ そろそろ片付けてお昼にしよう」と言うと、片付け始める子どもたちの中で、さとし君とゆうた君が2人で砂あそびに夢中です。そこで、
保育者「今何つくっているの？」
ゆうた「川。水ながす」
さとし「そうだよ」
保育者「すごいねえ、何をつくったら続きにできる？」と聞くと、
ゆうた「あとここに水ながしたら」
さとし「……」
保育者「じゃあ水を流して続きにしてお昼にしよう」と言うと、
ゆうた「うん」
保育者「さとし君は？」と聞いたのですが、返事はありません。
　そして5分ほどすると、
ゆうた「できたー」とお部屋に入ってきましたが、さとし君は見えません。
保育者「さとし君は？」
ゆうた「まだ、やっているよ」
保育者「そうかー。楽しいんだね。でも病院の先生みえる

> 「次に声をかけたら」と事前に、全体に対して声をかけているんだね。

> 大人側は、遊びの盛り上がりと終わりにどの位かかるか分かってるんだろうね。

> 「言ってるでしょ」とか「聞いてる？」とかもう一度言うとかじゃないんだ。今の現状を確認して、続きにできる条件の確認かぁ。それからお昼を提案するんだねぇ。

> 話をして、その場ですぐに終われっていう話じゃないんだね。

26

	から聞いてくるね。みんなお昼のしたくできる？」と言うと、「うん！」の元気な返事。そこでさとし君に話すと、まだ続けたいとのこと。みんなが先に食べることには、さとし君「いいよー」。
保育者	「わかったよ。でもね。お昼食べたら体の中に悪い病気ないかなって調べてもらうんだよ。みんなは調べてもらうからいいけど、さとし君は、1人で病院に行ってくれる？」
さとし	「えー？　いやー。先生と行く」
保育者	「残念だけど、後だと仕事がいっぱいで、行ってあげたいけど行けないんだよ。ごめんね」と言うと、
さとし	「じゃあやめる」と腰を上げたので、
保育者	「じゃあこれまたにするの？」
さとし	「うん」
保育者	「じゃあ続きにする？　壊さないで」と言うと、うれしそうなさとし君。お部屋に戻って、
さとし	「砂場の続きにするからこわさないで」とみんなに伝えると、
C	「あ！　やるやる」　ゆうた「またやろう」、F「いれて」とお友だちに言われ、うれしそうなさとし君でした。

> 本人が食べるっていう気持ちに近づいてきたところでの説明だから入るんだろうね。子どもにとって具体的に分かる説明と理由だしね。そしたら、自分で決めて動けるんだな。

> みんなだってやりたい気持ちは一緒だよね。

指導のポイント

～子ども心に付き合う～

楽しい時、面白い時に、夢中になって新しい活動へ向かう子どもの心を知って、付き合うことです。そのためには、集まる少し前から働きかけ、「一緒に共有する」時間をつくることです。

～子どもの心を信頼する～

「子どもの心」に付き合うと収拾がつかないように考えがちですが、かえって信頼関係が生まれます。まずは「子どものあそび世界の終了時」を一緒に見つけ出す指導が必要です。そのくり返しで「続きにする」心が育っていきます。

環境設定

～一人とみんなをつなぐ～

近いところで個別活動をしている時には、設定活動が見えるような位置にさとし君の活動を保障すると、設定活動の楽しさが、子どもの声や会話から伝わりやすいです。離れている場合は、「こんなことしているんだ」と作品を見せたり、「あと1つなんだって」と活動は違っていてもクラスとしての共有環境をつくります。

～切り替えは仲間のなかで～

周りの子どもが切り替える姿を見ることは、子ども自身のなかに「見通し」の多様な姿を知ることになります。それは、切り替えの先に「楽しみがあること」を子ども自身に伝えていきます。

事例 ❺

いつも、ちょっとゆっくり

F君（5歳・年中クラス）は、発達がゆっくりです。そのため、みんなと一緒にする手あそびやうた、踊りなどは、いつも最初の部分しかできずに終わってしまいます。やりたい気持ちはあるようですが……。

どうしてだろう？
◆手順が覚えられないのかな？
◆言語理解がよくないので指示が理解できない？

よくありそうな対応

■**個別に保育者がついて、具体的に指示を出す**
発達がゆっくりなため、保育者の指示や手あそびの手順が理解できていないのかもしれません。加配の保育者がつくなどして、そばで、「次は○○が始まるよ」などと個別に伝えてあげましょう。

■**事前に手あそびやうたなどを練習する**
他の子どもと同じようなペースで参加するのは現実的に困難です。事前に、保育者がF君に個別について、手あそびやうたなどを練習しておくようにします。そうして慣れておくことで、F君もみんなと一緒にできるようになります。

■**無理に「一緒」を求めないように**
発達がゆっくりですので、無理に「みんなと一緒」を求めないようにしましょう。F君にとってできないことを繰り返し指導すると、手あそびやうたそのものが嫌いになる可能性があります。できない時は、あまり積極的な指導をしないでおきましょう。

確かに、このような対応でもいいような。でも、やっぱりなんか違うんじゃないかなぁ……気になるあなたは、次のページを！

事例5　いつも、ちょっとゆっくり

でもね、子どもの側から見てみると

やりたい気持ちまでなくさないでほしい

　F君のやりたい気持ちに先生は気づいています。でも、先生は全体に向けて手あそびをしなくてはいけません。だから、加配や補助の先生などにF君をお任せしよう。では、そのような先生がいない場合は、F君の気持ちに気づきながらもそのまま過ごすのですか？
　そもそも、その手あそび、歌、踊りでなければいけない理由は何ですか？ それを練習しなければいけない理由もあるとは思いますが、F君の気持ちをくめないほど窮屈なものではないはずです。
　F君のなかにある「やりたい気持ち」も、「やりたいけど、できない」という状況が続けば、もしかしたら、その気持ちすら消えてしまうかもしれません。「どうせできない」という気持ちになってしまって、やがて、みんなが手あそびしているところに一緒に座らなくなる可能性だって感じます。
　このことは、F君がクラスの仲間として大切にされているかどうかが問われているように感じます。こんな時に補助や加配の先生の有無を問題にしている場合ではありません。担任の先生がすぐに取り組めることの中で、F君の「やりたい気持ち」が持てている今を逃さないで大切にしてほしいです。

よくありそうな対応の気になるところ

■発達の遅れやアンバランスさがある子どもの場合、個別に保育者がつくことは多くみられます。確かに、そのほうが丁寧な配慮ができます。
　ただ、その一方で、他の子どもとのつながりがなくなり、その子どもと加配の保育者のみの「小宇宙」ができてしまう可能性もあります。

■「無理に一緒を求めない」保育者の気持ちも分かります。しかし、それは一歩間違えば「放置」につながります。「無理に一緒を求めない」ことは大事ですが、そのうえで、ゆっくりな子どもを含めて、みなが対等に楽しめるような保育をつくることのほうがもっと重要です。

事例 ⑤

いつも、ちょっとゆっくり

そこで、視点を変えるとこんな実践も

ぼくも、いっしょにできたよ
子ども同士の教え合いが一番

ふみと……5歳児。自分の気持ちを出すのがゆっくりで、やりたいのか？　やりたくないのか？　など周りに見えにくいことが多い
とおる……ふみと君とよく遊ぶ姿がある
ＡＢＣＤＭ……クラスの子ども

　ふみと君は、日常生活やあそび場面で理解するのがゆっくりのため、見ているだけであったり、一緒にやらないことも多いのですが、そんな時は「やりたくない」のか「やりたいけど分からなく困っている」のか、ふみと君の心を知って、接しています。

　この日も手あそびをしている時でした。最初は、一緒にやっていたふみと君の手がだんだんと止まり、手あそびをやめてしまい、みんなのほうへ視線を向けながら少し困ったような表情になりました。そこで、
保育者「ふみと君、何か困っている？」と聞くと、困ったような表情で「いい」とふみと君。そこで、
保育者「やり方わからない？」と聞くと「うん」とふみと君が、うなずきました。そこで、そばにいた子どもたちに、
保育者「ふみと君やり方わからなくて困っているみたい。どうしたらいいかな？」と言うと、さっそく、
　Ａ　「こうやってやればいいんだよ」とその場でやってみせる。
　Ｂ　「そうそう。そうやる」
　Ｃ　「どうしてわからないの？」
　Ｄ　「あー？　このむずかしいところ？」と言って、目の前でやって見せています。
保育者「そこのところが分からないの？」
ふみと「うん」と頷く。
保育者「そうみたいよー。その難しいところが分かんないんだって。どうしたらいいかなー？」と聞くと、
とおる「こうやってね。まずこうして……」と見せる。

ここがポイントね！

「やめちゃうの？」「やらないの？」「やめないで」でもなく、「困っている？」って。行動じゃなくて、その後ろ側にある気持ちに焦点があたってるんだなぁ。

やっぱり、他の子どもに広げている。保育者が個別に教えるわけじゃなく、友達が教えてくれる形になる。大人の教え方と、子どもの教え方って違うんだよね。子どものほうが、結構ポイントついていること多いもの。

事例5　いつも、ちょっとゆっくり

　　M　「わかった!!　ゆっくりやってみればいいじゃん」
保育者「じゃあそれでやってみる？」と聞くと、ふみと「うん」と返事があり、子どもたちも「そうしよう」と言うので、ゆっくりやってみました。
　子どもたちのやっているのを見ながらふみと君もゆっくりやっています。終わると、なかよしのとおる君が「どうふみと君できた？」と聞くと「うん」とうなずくふみと君。
とおる「できたって！」
ふみと「ぼくもできたよ」とうれしそう。そして、子どもたちは「やったあ」と喜んでいます。
　　M　「じゃあ、ちょっとはやいカメさんくらいでやってみる？」の声にあわせて、ふみと君も子どもたちも「うん」と言って、少しずつペースを変えて、何回か楽しみました。

> ゆっくりの次は、ちょっと早いカメさんなんだね。このMの表現も、子どもらしくて分かりやすい。

（吹き出し）じゃあ、カメさんペースでやってみようか…

（吹き出し）さんせぃ～！

指導のポイント

～本当の気持ちをつかむ～
　その子自身が、ただ周りの流れについていってしまっているのか？　楽しくてやっているけど困っているのか？　をつかむことが指導のはじめです。本当は楽しくないけれどやらなければならないからとやっていると、本当に「何が楽しいか？」「何がやりたいか？」を考える自主的自発的力は育っていきません。同じことをやっていなくても一緒だねという指導が大切です。
　やりたいけれど困っているようなら、その気持ちに共感し、仲間と考える指導が求められます。

環境設定

～そばに大好きな人をつくる～
　ふみと君が、楽しんでいるのか？　そうではないのか？　を共感するのは、一緒にいることの多い仲間です。そばに大好きな人がいたらふみと君は、自分の気持ちを出しやすいし、代弁してくれることでもっと自発的で意欲的な姿が見られます。座る場所も、ふみと君が日頃よくかかわっているお友だちが近くにいると安心して気持ちを出しやすいですね。

事例 ❻

注意をしても、よくかみつく

Rちゃん（2歳4ヵ月、男児）は、「ワンワン」「ピョン」など単語が中心で、言葉の発達がゆっくりです。ニコニコしながら友だちとも遊びますが、よくかみつきます。モノの取り合いなどのトラブルがあると、すぐに友だちの腕や足をかみます。何度注意しても、繰り返します。

どうしてだろう？
◆かかわり方を知らないのかな？
◆少し乱暴なところがあるのかな？

よくありそうな対応

■かみつき以外のかかわり方を教える

　Rちゃんは、かみつき以外のかかわり方を知らないのかもしれません。かみつきを注意することも大事ですが、それだけでなく、トラブルになった時の対処法を教えてあげましょう。
　「おもちゃがほしい時は『かして』って言うのよ」と伝えてあげると、子どもはかみつき以外のかかわりがあることを学んでいくでしょう。

■無理に一緒に遊ばせないようにする

　今はまだ友だちと遊ぶのが少し難しいのかもしれません。とくに自由あそびの場合、決まったルールがないので、余計に自分の気持ちや行動をコントロールするのが難しくなります。このような場合は、無理にみんなで遊ばせずに、小集団で遊ぶような環境を設定しましょう。

■親子関係に注目する

　かみつきが多いということは、何かストレスがたまっているのかもしれません。親子関係を中心に、どこにストレスがあるのかをさぐっていきましょう。

確かに、このような対応でもいいような。でも、やっぱりなんか違うんじゃないかなぁ……気になるあなたは、次のページを！

32

でもね、子どもの側から見てみると

言葉だけが表現方法か？

　大人のメインの表現方法は、言葉です。赤ちゃんの表現方法は、泣くことです。この前まで赤ちゃんだった1、2歳児ならば、そりゃ、まだまだ、言葉がメインにならなくて当然。かみつきは、乳児期の表現手段の一つ。泣くのも、叩くのも、ひねるのも、表現手段。

　でも、1、2年間分の気持ちは育っているのです。大人に分かるような手段（言葉）でないだけで、伝えたい気持ち、思いはあるのです。言葉で表現できない思いを、大人がどれだけくみ取れるのか。正確にくみ取れなくても、思いを受け止められるのか。それが、コミュニケーションを始めた子どもたちにとっては大事なのではないかと思います。

まだたったの数年

　子どもがしゃべりだすのは、早くても1歳前後。2歳の子でも、たったの1年程度しか、言葉を使って表現することを経験していません。言葉がゆっくりな子どもなら、もっと短いかもしれません。

　それじゃあ、言葉でうまく伝えられない。何回言われても理解できない。

　そりゃそうだろうって、気がしませんか？
　気持ちや動きに言葉が追い付いていないんですもの。

いつ？　どこで？　だれに？

　いつでもどこでもかみついているわけではないはずです。

　かみついてない時もあるはずです。「かみつくかも」って思って見ていると、ほら見たことか！　って感じになりますよね（これはかみつきだけではありませんが）。ピリピリして、後ろをくっついて歩いて、制止してたりしませんか？

よくありそうな対応の気になるところ

■かみついた時に、制止しつつ、「『かして』って言うんだよ」と教えるのは一般的な指導です。そのこと自体に、異論はありません。しかし、この指導の前に、まずは、子どもの「かみつかざるをえなかった」気持ちをくみとり、保育をつくっていくことが重要です。

■親子関係を含めた子どもの生活を知ることは保育をすすめる基本です。しかし、そのことと、子どもの行動の原因を直接的・短絡的に親の養育態度に求めることとは別問題です。まずは、日々の保育を見直すことが優先されるべきです。

事例 ⑥

注意をしても、よくかみつく

そこで、視点を変えるとこんな実践も

いっしょに
やりたいんだよ
大人が通訳になれるといいね

れいじ……2歳児。やりたいことがいっぱいで好奇心旺盛。言葉の代わりにかみつきが多いこの頃
すぐる……クラスの子ども

　れいじ君は、2歳児です。
　「使いたい」「ほしい」「やりたい」という気持ちがいっぱいのれいじ君は、お散歩先のお花や虫や棒を見つけた時やお砂場でシャベルがほしい時など、なかなか言葉にならず、ガブリ！　とお友だちをかむことが多いこの頃です。この日は、気に入っている汽車を持って、レールを並べて「ポッポー、ポッポー」とご機嫌です。
　そこにすぐる君がやってきて、汽車を持ち「まるくする」と言ってレールを手渡したので、保育者がレールをまあるくつくると、すぐる君はレールに汽車をのせて遊び始めました。

　それを見たれいじ君は、すぐる君のレールに汽車をのせようとした時、
すぐる「だめ」と言われて、れいじ君はすぐる君の腕をガブリとかもうとするところでした。
　2人の間に体を入れながら、
保育者「れいじ君もすぐるちゃんみたくやりたかったんだね。（レールは、たくさんあるので）レールですぐるちゃんみたくまるくする？」と言うとまた、すぐる君をかもうとするれいじ君。
保育者「そうかあ。一緒にやりたいのかな。仲間に入れてって言おうか」と言うと、
すぐる「イヤ。ダメ」と言い続けています。
保育者「そうだね。今は、すぐるちゃんは、自分でやりたいんだね」と言うと、またすぐる君をかもうとするれいじ君。
保育者「れいじ君は、すぐるちゃんと一緒にやりたいねー」

ここがポイントね！

言葉の少ない子どもたちにとって、大人は通訳。自分の今の気持ちから、言葉への通訳。この気持ちが「ほしい」なのか「やりたい」なのか、「イヤだ」なのか。自分の気持ちを言葉に変えてくれる人なんだなぁ（これを探すのって、結構面白いと私は思う）。そして、他の子どもたちの通訳。気持ちが分かれば、お友だちだって納得しようがあるもんね。

事例6　注意をしても、よくかみつく

　と抱っこしながら気持ちが落ち着かないれいじ君に話しかけていると、暴れて怒っていたれいじ君が急に立ち上がって汽車を置き「バッタとったよー」という大きな子どもたちの声のほうに走って行ってしまいました。
　その後は、バッタを見せてもらい、ご機嫌です。

指導のポイント

～やりたい・見たい気持ちがいっぱい～
　「したい」「やりたい」気持ちがたくさん育っているけれど、うまく関係をつくる力が弱く、かむ・叩く・倒すなどが多い時、「行動」を注意して止めがちです。ですが、それだけでは、保育者のテンションも上がりやすく、子どもの行動はますます激しくなり、子どものかかわりたい気持ちや意欲、そしてかかわり方を学ぶチャンスも失ってしまいます。
　その時にふさわしい言葉「使いたいねー」「やりたいね」などを伝えることで、子どもは「分かってくれた」という心が生まれ、ほんの少し間ができ、その後のやりとりがうまくいきます。

～体でさりげなく入って行動や心に言葉を～
　激しい行為には体で割って入り、子どもの「かかわりたいけどうまくいかない」気持ちに付き合って、言葉や行動を添える気長さが必要です。そして、「言葉を覚える」「他のあそびで切り替わる」「保育者と一緒に遊ぶ」などで気持ちを切り替えたり、待つことができます。

～たくさんの経験の積み重ねを～
　1回で魔法のように変わるやり方はありません。繰り返しのていねいな「経験」をたくさん積み重ねることで育つ力であることを理解することが大事です。

環境設定

～やりたい気持ちを育てる十分なおもちゃや道具を～
　乳児の時代には、無用なトラブルを避け「やりたい気持ち」を十分に育てるため、おもちゃや道具は、子どもの人数分用意します。

～保育者の専門性～
　表現は、叱責や注意ではなく、共感的にかかわる保育者の対応が重要となります。

事例 ❼

保育者との間で笑いがつながらない

Qちゃん（1歳5ヵ月、女児）は、いつも穏やかです。でも、気になることが1つあります。それは、保育者と笑いがつながりにくいこと。目があってニコニコする日もあれば、保育者が笑いかけていても1人で遊び続けている日もあります。さらに保育者を見てニコニコしていても急に違う世界に入ることもあります。

どうしてだろう？
◆人とかかわるところに困難があるのかな？
◆他のことに気が散ってしまうのかな？

よくありそうな対応

■積極的に、かつ、個別にかかわる
　Qちゃんは、たくさんの人のなかでは、情報が整理できずに気が散ったり、混乱しているのかもしれません。そのため、保育者に注意が向きにくいのかもしれません。まずは、保育者が積極的に、子どもとかかわりましょう。特に、笑顔がつながらない時にこそ、個別にかかわってみてください。つながらない時間を少しでも無くすようにしましょう。

■専門機関に早めに相談する
　気になるか、気にならないかは、保育者では判断しかねる部分です。保健センターなど、早めに専門機関に相談しましょう。

確かに、このような対応でもいいような。でも、やっぱりなんか違うんじゃないかなぁ……気になるあなたは、次のページを！

事例7　保育者との間で笑いがつながらない

でもね、子どもの側から見てみると

　Qちゃんにはクラスのこのお部屋はいつもどんなふうに見えているのでしょうか。

Qちゃんはどこを見ているのか？

　保育者の働きかけに対してQちゃんがどう反応したのか、ということにばかり目が向いているようです。保育者がQちゃんと"笑いがつながらない"と感じる時、Qちゃんはいったい何を見ているのでしょう。保育室の様子だけでなく、外への散歩の時はどうでしょう。いろんな場面のQちゃんをよーく見てみたいです。そして、Qちゃんの目の先にあるものを一緒に見てほしいです。そして、「○○いたね／あったね」と言葉をかけてほしいです。保育者としての経験を通して持っている子どもの姿と、Qちゃんを比べて「気になる何か」を探るのではなく、子どもの興味あるものや関心を向けているものが何かを見つけることに力を注いでほしいです。そこからしか子どもとのかかわりは生まれてこないと思います。1歳5ヵ月、まだ、乳児期にある子どもです。子どもの見ている世界を一つひとつ「一緒に」見つけていけるような丁寧さが必要だと思います。

生活ぜんぶに目を向けて

　Qちゃんの反応は、日による違いがありそうです。乳児期にある子どもの行動を読み取ろうという時、その理由をQちゃんの中に探るというのは、少し範囲が狭いように思います。まずは、生活リズムに目を向ける必要があります。保育園の中では同じリズムかもしれませんが、家庭ではどのようなリズムで過ごしているのか、というところも同時に目を向ける必要があります。

よくありそうな対応の気になるところ

■子どもの行動が安定しない時、どうしても気になるところに注意が向きがちです。しかし「笑いがつながらない」ところばかりに注目していても、子どもの発達していく芽をとらえることができません。子どもが変わっていく時は「笑いがつながる」時です。どういう時に保育者や他の子どもと共感できているのかを丁寧に振り返ることが求められます。

■早期発見・早期支援が繰り返し指摘されているように、専門機関に相談することは大事です。しかし、発達障害かどうかだけを知ったり、解決策を教えてもらおうとする姿勢では上手くいかないでしょう。あくまで、子どもをより深く理解し、質のよい保育を行う目的で相談することが必要です。相談の目的を今一度考える必要があります。

事例 ⑦

保育者との間で笑いがつながらない

そこで、視点を変えるとこんな実践も

めとめをあわせて「たのしいねー」
ちっちゃい笑顔をたくさん

けんと……1歳8ヵ月。日頃もなかなか笑う場面が少ない。けんとちゃんとかかわる時間をたくさんとり、担当保育者との関係を豊かにもっている

　けんとちゃんは、1歳8ヵ月。
　いつも気に入った車を動かして遊ぶ時には、穏やかですが、周りに子どもがきてかかわろうとすると緊張した顔になったり、他の子どもの動きには、あまり関心を示しません。そこで、お家での様子を聞くと、園とあまり変わらないことが分かりました。
　そうした状況が分かったため、保育の中では、お散歩に行ったとき<u>けんとちゃんが興味ある車のタイヤ触りに付き合うと</u>にっこりすることが分かり、散歩の時間を十分とり、そうした場面を大切にして、保育者も「車あったねー。大きいねー」と言葉を添え、目と目とあわせて「うれしいねー」とにっこり笑顔を送っています。けんとちゃんは、にっこり笑顔を返す時と返さない時もあるのですが、変わらずけんとちゃんの楽しいことに共感し、その時間を大切にしています。
　そして、着替えやお昼寝の時の1対1場面を楽しく過ごすことを大切に「いないいないばー」やコチョコチョあそびをして体を通して、保育者とけんとちゃんの関係づくりを大事にしてかかわっています。
　そんなある日、絵本を読んでいる時でした。
　お友だちの中でけんとちゃんは、保育者のほうをご機嫌よく見ているので、けんとちゃんに眼差しを送りながら読んでいました。ところがけんとちゃんは、途中場所を変えてしまったのです。そこで保育者からは、見えにくくなってしまったので、<u>体の位置を変えて読み始めると</u>、けんとちゃんは、にっこりしているので、保育者もにっこりして笑顔を送りました。するとまた、けんとちゃんは、一緒に絵本を楽しんで見ていました。

> ここがポイントね！

> 興味関心の偏りとか、こだわりとかではなく、けんとちゃんが興味あることって思ってもらえることは、なんて幸せだろう。そして、それに付き合ってくれる人がいる。そりゃにっこりもしますよね。

> けんとちゃんを呼ぶのではなく、他の先生が連れてきて膝に乗せるのでもなく、体の位置を変えるだけ。そんなちょっとの工夫でいいんだよね。

38

事例7　保育者との間で笑いがつながらない

指導の**ポイント**

子どもの笑顔は、保育者の保育力を上げてくれるものですね。でもそれがうまくいかない時は……

～24時間で子どもをとらえる～
　家での様子を教えてもらい、子どもの生活を24時間でとらえることが大事です。家では笑いがある生活なら、園での問題となり、その原因を早急に探り取り除くことが必要です。

～子どもに温かいまなざしを送る～
　子ども自身の心が動く時を探し出すことです。大人の働きかけに子どもが共感するというより、子どもが楽しい時を見つけて、大人が子どもに合わせて共感することです。

～元気な体をつくる～
　心と体が密着する時代、心を動かす体をつくることが大切です。特に、たっぷり眠る、食べる、そして、遊ぶ体をつくる生活リズムの確立。それらを親とともにつくり出すことも必要です。

環境設定

～子どもの興味・関心のある場所やおもちゃを～
　子どもが興味を持つおもちゃや道具。散歩先でのお気に入りの場所をつくったり、見つけ出したり、子どもの興味・関心のある環境をたくさんつくり出すことが必要です。

事例 ⑧

友だちを叩いては楽しそうに笑う

Sちゃん（2歳11ヵ月、男児）は、日頃から落ち着きがありません。それ以上に保育者が気になっているのは、すぐに友だちを叩いて笑うこと。座りたかった椅子をとられるとすぐに相手を叩きに行きます。さらに、その後楽しそうに笑うのです。保育者が注意すればするほど笑いは大きくなります。

どうしてだろう？
◆我慢する力が弱いのかな？
◆感情理解に困難があるのかな？

よくありそうな対応

■事前にルールをしっかりと伝える
　友だちを叩いた後にだけ注意していると、適応行動に結びつきません。友だちを叩く前に、予防策をとることが重要です。たとえば、朝のお集まりなどで、「友だちを叩きません」「先生に注意された時は笑いません」などとルールを伝えましょう。「Sちゃんだけが悪い」とならないように、みんなでルールを確認するようにします。

■保育者が怒っていることをわかりやすく表現する
　Sちゃんはわざと笑っているのではなく、保育者の怒っている気持ちを理解しにくいのかもしれません。そうであれば、保育者は、体全体を使って、怒っていることをわかりやすく表現しましょう。たとえば、腕組みをしたり、両手を腰にあてるなど、オーバーリアクション気味の身ぶりをします。また、「○○先生は、怒っています」と自分の気持ちをはっきりと言葉にします。

確かに、このような対応でもいいような。でも、やっぱりなんか違うんじゃないかなぁ……気になるあなたは、次のページを！

事例8　友だちを叩いては楽しそうに笑う

でもね、子どもの側から見てみると

相手をすぐ叩く。これには理由がある

　叩く理由があって、「叩く」という行動で表しているのに、「友だちを叩きません」と注意するのは、コミュニケーションとして成立していないですよね。叩く理由が何かを理解しなければ、Sちゃんとのかかわりは始まらない。この場面では「ぼくがその椅子に座りたかったんだ！」というのが理由になりそうです。他の人にとったらどの椅子も同じかもしれないけど、Sちゃんにとっては特別だったのかも。「○○ちゃんのとなり」とか「景色がいい」とかね。そんな理由を探ってもいいのではないでしょうか。

先生に分かってほしい

　先生が注意すると笑うという、一見不可解なSちゃんの行動ですが、「その椅子に座りたかったんだ」という気持ちを先生に分かってほしいと訴えているようにも解釈できます。

　Sちゃんに声をかけるのって、もしかして、注意する時ばかりになってないですか？　少し落ち着きがなくじっと座っていることが苦手なSちゃんに対して、先生のかかわり方が制止したりする行為や声かけが中心になってしまってないでしょうか。大好きな先生からそんな声かけばかりだとしたら、Sちゃんはどんな思いでいるのでしょう。

子どもの好きなあそび、知っている？

　先生が注意しても笑うってことについて、他の解釈もできそうです。それは、その「注意されて笑う」というやりとり自体を楽しんでいるように思えます。でも、そんな状況でしか楽しめないというのは、少しさびしい気がします。でも、人とかかわって笑っているということは、興味があるのだと考えられます。だとすれば、まずは先生から「もっと楽しいことあるよ」と伝える必要がありそうです。Sちゃんが楽しいあそびの中で笑えるといいなと思います。

よくありそうな対応の気になるところ

■ここでのルールは、大人の都合のように思えます。「友だちを叩きません」というルールは子どもが決めたことではなく、保育者の都合です。しかも、子どもたちは、3歳にもなっていません。その子どもたちに、大人の決めたルールを一方的に守らせるというのは、無理があります。このような保育をすすめて、たとえ叩く行動がなくなっても、子どもたちが自分でルールをつくったり、そのルールを守ろうとする力はつきません。

■自閉症スペクトラム障害の子どもは相手の気持ちが読みにくいことがあります。そういう意味では、保育者の気持ちを分かりやすく目に見える形で伝えることは大事な部分もあります。しかし、その前に、まずは保育者のほうが、叩いて笑う子どもの気持ちをいろんな視点から理解しようとすべきです。

よほど大事だったのね…

事例 8

友だちを叩いては楽しそうに笑う

そこで、視点を変えるとこんな実践も

ぼくと
あそんでほしい
「仲間に入れて」はなかなかむずかしい

なおき……2歳6ヵ月
ＧＥＬ……なおき君が関心のあるクラスの子ども

　なおき君は朝、登園してきたＧちゃんを見ると急に押し倒したり、叩いたりしてＧちゃんが泣くのを見るとにこにこしてうれしそうです。
　そして、この頃は、ＥちゃんやＬちゃんにも同じようなことをして楽しんでいます。
　日中のあそび場面でもよくあり、見ていると、なおき君は、Ｇ、Ｅ、Ｌちゃんに関心があるようです。
　「朝、会えてうれしかったんだね。おはようって言えばいいね」「一緒にやりたかったんだね。仲間に入れてって言えばいいね」
となおき君の気持ちを言葉に替えて、その時にふさわしい言葉を見つけ出し、トラブルを子どもがかかわり方を学ぶチャンスと考えてかかわっていました。

　そんなある日、積み木で遊んでいたＧちゃんを見たなおき君が、Ｇちゃんの頭を叩きそうになっているのを見て、体を2人の間に入れ、なおき君に、
保育者「なおきちゃん、Ｇちゃんと遊びたいのかな？」と聞くと、返事はないけど、体を寄りかけている力が抜けたので、
保育者「なおきちゃんが、Ｇちゃんと遊びたいんだって、いいかなあ？」と言うとＧちゃんは、返事がありません。そこで、
保育者「そうかあー。今は、遊べないみたい。またあとで聞いてみようね」と言って「先生と遊ぼうか？」と言うと、なおき君はまた叩きそうになったのですが、保育者が積み木で「新幹線なんだ」と言いながらつくり始めるのを見て、積み木を手に取り遊び始めま

ここがポイントね！

この時点で、"よく叩かれる子ども"ではないことが、前提としてすごいと思う。

叩いた、叩かれたの場面で、こう言えるんだもんね。

（実践6、7、8通じて）
　乳児のトラブルって、切り替えたり、解決しなくてもいいことって結構あると思う。ずらしたり、流したりっていう感じがある。
　「ごめんなさいでしょ」じゃなくて、なんとなく終わって、「なーんだ。チャンチャン！」でいいんじゃないかなって。
　言葉が少ない時期に、言葉でのコミュニケーションを押し付けられても、かかわり自体が楽しくなくなっちゃったら、元も子もないし。

> した。
> 　Gちゃんは、隣でなおき君と保育者が遊び始めても気にすることはなく、なおき君も落ち着き、しばらくするとなおき君は、積み木あそびに夢中になりました。
> 　Gちゃんも隣にいるのはイヤではないらしく、時々なおき君に「Gも新幹線！」なんてつくったものを言う姿も見られるほどでした。

指導のポイント

～困った行動のなかに人への関心がある～
　叩いたり、押し倒したりちょっと「困ったなー」と思う子どもの行動は、『他者に関心をもったからこそ』の姿です。
　行動の後ろにある気持ちにピッタリの言葉を添えて、気持ちと言葉が重なるように働きかけることで行動に変化がうまれます。

～あそびを豊かに～
　子どもが夢中に遊んでいる時は、達成感があり、切り替えも上手です。
　毎日の保育活動が子どもにとって楽しいものになっているかを見直すことが大切です。

～ケガにならないために～
1. 行動を見たらとりあえず体を入れて大きなケガにならないように
2. そして行動の後ろにあるかかわりたい心を大切にして
3. 今度は、○○すればよかったねとか、相手の心を知る機会とすることです。
　　そうした繰り返しの中で、相手が喜び自分も楽しくかかわる力を育てていきます。

環境設定

～子どもの危険になるような環境は、取り除く～
　子どもが押して倒れたり、叩かれたりして転んだりした時、危ないものがあるかどうか？　保育室を見直すことが大切です。

～大人の行為を、子どもは見ています～
　解決が当事者対保育者になりやすいのですが、子どもたちがそうした姿を共有することで、仲間を感じていくことを知り、ケンカ両成敗的な解決ではなく、お互いの思いをていねいに交流する機会とします。

事例 ❾

1人でばかり遊ぶ

G君（3歳・年少クラス）は、自由あそびの時間、ほとんど1人で遊んでいます。ミニカーを動かしたり、車の図鑑をずっと読んでいます。保育者は、みんなが遊んでいるところに入るよう誘いかけるのですが、一緒に遊ぼうとはしません。

どうしてだろう？
◆こだわりがあるから、興味の幅が狭い？
◆どう遊んでいいのか、分からない？

よくありそうな対応

■**こだわりのものを隠しましょう**

　ミニカーや車の図鑑を自由に置いているために、G君は、これらのものにこだわっているのかもしれません。とくに自閉症スペクトラム障害の子どもは、視覚優位という障害特性があるために、目に見えたものに関心が移りやすいのです。そこで、登園したらすぐに、ミニカーや車の図鑑は、預かり、職員室にしまいましょう。もちろん、保育室のなかにある車のおもちゃや図鑑も片付けておきます。G君は、こだわるものがないため、みんなの遊びに入れるようになるでしょう。

■**友だちのあそびを見る機会をつくる**

　あそびに参加する以前に、そもそも友だちのあそびに関心がないのかもしれません。参加させる前に、友だちのあそびを見る機会をつくりましょう。「あ、○○ちゃんが、高いところからピョーンってしてるよ」などと、G君の好きな友だちの名前を出しながら、友だちの関心をひきつけるようにしましょう。

確かに、このような対応でもいいような。でも、やっぱりなんか違うんじゃないかなぁ……気になるあなたは、次のページを！

事例9　1人でばかり遊ぶ

でもね、子どもの側から見てみると

年少でしょ？？？
自由あそびでしょ？？

　年少児だったら、1人で遊ぶことが多くてもいいんじゃないかなぁと思うのですが……。自由あそびの時間だったら、なおさら1人で遊んでいてもいいのでは？
　3歳頃の子どもたちは、一緒に遊んでいるように見えても、それぞれは勝手に遊んでいるものです（平行あそび）。だからと言って、完全に放っておいていいわけではありませんが、自由な時間に1人であそびに没頭する、そんな自分を大事にできる時間をつくってあげたいとも思うのです。

「おいでー」じゃなくて、「いーれーて」

　それでも気になるなら、きっと、大人とのかかわりも少ないのでしょうね。誘ってもこないと、どうやってかかわっていいのか悩んでしまいますね。
　誘われるということは、自分のやっていることをやめることになります。それはけっこう難しい。
　自分の好きなことをやめて他に移るよりも、自分の好きなことに他の人が入ってくるほうが、ずっとハードルが低いです。みんなのあそびにG君を誘うのではなくて、先生がG君のあそびに付き合ってみたらどう？

あそびを広げる

　同じように車やミニカーが好きな子はきっといるでしょう。そしたら、「一緒だね」「面白いね」「かっこいいよね」という気持ちを共有する。
　自分の好きなものを、同じように好きだと言ってくれる人がいると気付けたら、それはそれは、うれしいですよね。
　好きなものから人とつながる。これって、とても自然だと思うのです。

よくありそうな対応の気になるところ

■「こだわり」と聞くと、つい私たちは「無くすべきもの」と考えます。だからこそ「目に見えないようにする」という対応が考えられるのでしょう。しかし、G君にとっては、ミニカーや車の図鑑は、好きなものです。その彼の好きな世界を一方的に無くすことは、大人の勝手な都合にすぎません。子どもの行動を「気になるもの」として無くそうとするのではなく、子どもに興味を持ってもらえない保育内容のほうを見つめ直すほうが先決です。

■「友だちのあそびを見る機会」をつくることは、確かに大事です。G君は、自分のあそびに夢中で、友だちのあそびに気づいていないからです。ただ、その一方で、友だちが、G君のあそびの楽しさに気づくような保育も必要です。子どもが他者の世界に入っていくためには、自分の世界を認めてもらうことがまず必要だからです。

45

事例 ⑨

1人でばかり遊ぶ

そこで、視点を変えるとこんな実践も

くるまブイーンは、おもしろい
あそびで子どもがつながっていく

あきら……3歳児。車で遊ぶのが大好きで、車で遊び始めると他のあそびに関心を持つのが難しい
ＫＹＣ……クラスの子ども

ここがポイントね！

　２～３人で集団をつくり遊び始める中、あきら君は、一人ミニカーをしたり、車の図鑑を見たりしています。表情を見るとにこやかで楽しんでいる様子。家でない集団場面の園でできることはうれしいこと。でも少し友だちとかかわってほしいと願っています。
保育者「あきら君何しているの」
あきら「くるまブイーン」と走らせる真似をしたので、
保育者「速い車だね。先生も仲間に入ってもいい？」
あきら「うーん。このくるまならいいよ」とあきら君が選んだ車を渡してくれました。そこで、2人で車で走らせて遊んでいると、
　Ｋ　「なにしているのー？」と聞いてきました。
　あきらは、自分の車を「ブイーン」と言いながら走らせていて答えないので、
保育者「あきら君と車動かして遊んでいるんだー」と言うとＫは、あきらのところに行き、
　Ｋ　「Ｋにもくるまちょうだい」と言うと、
あきら「これならいいよ」とＫに車を渡しています。そこで3人で「ブイーン」と車を走らせ遊び始めました。
　保育者は、他で遊んでいる子どもたちとつなげたいと思って、隣で積み木で遊んでいたＹとＣ君のところへ車を持って走っていって、
保育者「積み木の町に到着でーす」と言うと、
　Ｃ　「ここは、私のおうちなの」と積み木の話をしてくれました。すると、
　Ｋ　「Ｋはね。くるまはしってるー」と言うと、
　Ｙ　「ここは、ガソリンスタンドでーす」とガソリンスタンドをつくっています。すると、

これ、わかりにくいけど、たぶん、自分の好きなあそびを集団の中で出せるってことを喜ばしいって見ているってことだよね。

あたりまえそうに見えるけど、「Ｋ君が聞いてるよ」と、あきら君に言わせようとしてないってのも意外と大事。これ、普通のママやおばあちゃんとかはなかなかできないことだよね。

「あっちの積み木で遊ぼう」とかっていう直接的な表現じゃなくて、遊んでいる世界の中でつなげてる。ＣもＫもイメージしやすいよね。

事例9　1人でばかり遊ぶ

あきら「いれてくださーい」と走っては戻り、またガソリンスタンドにくることを、繰り返しています。
　その後も粘土で遊んでいるところに行ったり、ままごとをしているところに行っては、ガソリンスタンドにくるということを繰り返し、<u>あそびがつながっていきました。</u>

> 「あそびがつながる」っていうのも、難しい感覚かなぁ。
> 　ブロックならブロック、おままごとならおままごと。そうやって遊びを区切るのは大人の考え。子どもはそんなの関係ないもんね。
> 　「遊び終わったら片付けてから、次のあそびを始めなさい」ってその通りなんだけどさ、だけど、つながるから面白いことも増えるんだよね。パターン的じゃない創造的なあそびが始まるのって、そういうゴチャゴチャっとした状況で起こるものじゃないかしら。

指導の**ポイント**

〜一緒に遊んで面白さの共感を〜
　何が面白いのかな？　と可能なら、仲間に入れてもらってあそびを共有します。隣で同じあそびをして、一人で遊んでいるあきら君のあそびの面白さを共感することで、独りぼっちにならずに面白さを広げることができます。

〜仲間につなげる〜
　「あきら君は、〇〇しているんだって」と保育者が、あきら君のあそびをみんなに知らせることで、1人で遊ぶあきら君の内容が伝わり、関心を持てるようにします。誰も関心を持たなくてもあそび仲間にあきら君がいることにつながっています。また、クラスの子どものあそびのストーリー、もしくはあきら君のあそびのストーリーの中で、相互につなげられる場面があれば伝えます。しかしそれを取り入れてストーリーになるかどうかは、子どもたちが決めていきます。

環境**設定**

〜見えるところに仲間がいる〜
　一人あそびをしている子どものあそびに関心が持てるような子がうまれるように、周りのあそびに気持ちが行くように、お互いのあそびが見える・聞こえる位置に遊び場所を設定していきます。

事例⑩

自分の世界に入って、なかなか抜け出せない

T君（4歳・年少クラス）は、保育園で、よく自分の世界に入っています。動物がとても好きで、ズボンの後ろにタオルを入れ、しっぽのある動物になりきっています。その動物になりきった世界からなかなか抜け出すことができず、保育に参加することができません。

どうしてだろう？
◆ファンタジーに入る「こだわり」の1つでは？
◆想像と現実の区別がついていないのでは？

よくありそうな対応

■ **活動の区切りを明確にしましょう**

自分（ファンタジー）の世界と現実の世界の区別がついていないために現実の保育に参加できないのです。自分の世界と現実の世界の区別を本人が分かるように明確にします。タオルを置く箱を部屋におき、部屋に入る時には、その箱の中にタオルを入れるようにしましょう。

■ **「今、何をするのか」を明確にしよう**

自分の世界に入り込んでしまう時は、活動があいまいで、T君が何をしていいのか分からないからかもしれません。今、何をしているのかを分かりやすく伝えるようにしましょう。「今から、○○の絵本を読みますよ」など、何をするのかを明確に伝えましょう。

■ **メリハリを大切にしよう**

タオルがあるために、余計に自分の世界に入り込むのかもしれません。そこで、保育園に来た時、お母さんにタオルを渡して、園にはタオルを持ち込まないようにしましょう。最初は、T君は、嫌がるかもしれませんが、慣れれば、なしでも大丈夫でしょう。

確かに、このような対応でもいいような。でも、やっぱりなんか違うんじゃないかなぁ……気になるあなたは、次のページを！

事例10　自分の世界に入って、なかなか抜け出せない

でもね、子どもの側から見てみると

こちらの世界にいるのはどんな時？

　　自分の世界に入って出てこないのなら、きっとそれが楽しいんでしょうね。今クラスでやっていることが面白くないとか、手持無沙汰とか、そんな時スイッチが入りやすくないですか？
　皆さんも、難しくてよく分からない話を聞いてる時に、美味しいもののこととか好きな人のこととか考えちゃいませんか？
　コッチ（現実）の世界が、もっとオモシロかったらＴ君が一人の世界に入るのも、相対的に減るんじゃないかなぁ？

保育は参加するものかい？

　そもそも「保育に参加することができない」と言うことが、Ｔ君をみんなの中に入れようとしているって感じがするのですが、どうでしょうか。
　言われたようにやるのはたいして面白くありません。みんなでつくって広がっていくから面白いのではないですか？

どんな動物園なのかなぁ

　　Ｔ君の大好きな動物の世界。どんな豊かなイメージが広がっているんでしょうねぇ。Ｔ君の世界、実際に面白いかもしれませんよ。
　そこに先生が入っていき、その世界の中にどっぷりつかってみるとか……。
　大人なんかよりも、子どもたちのほうが、空想の動物園楽しめるかもしれませんね。
　そしたら、何か変わるかも。
　今の対応のままだと他の子どもたちにとって「Ｔ君は違うことをしている子」という印象が重なるばかりです。

よくありそうな対応の気になるところ

■「自分の世界」に入る子どもは、自閉症スペクトラム障害の子どもに見られることがあります。保育の流れに入っていけないので、保育者としては、悩むのでしょう。その気持ちは分かります。ですが、左の３つの対応に共通するのは、子どもに対し「１人の世界はダメ」というメッセージを向けていることです。
　子どもは、楽しくて自分の世界に入っている、もしくは、保育がつまらなくて自分の世界に入っているはずです。具体的にどうやめさせるかを考える前に、子どもの世界に共感してその世界を広げたり、普段の保育を魅力的なものにすることが求められます。

事例 ⑩

自分の世界に入って、なかなか抜け出せない

そこで、視点を変えるとこんな実践も

ごはんをたべたら はいります
仲間とやったら、もっと楽しくなるよ

あゆむ……4歳児。自分のイメージで楽しく遊ぶ姿が多いが、保育者がつなぐと仲間のかかわりのなかでごっこあそびを豊かにする姿がある
ＡＲＨ……クラスの子ども

　朝から暑い日ざしが降り注ぎ、子どもたちはさっそくプールに入る支度を始めました。

　そんな中、あゆむ君は、一人で部屋のなかでお料理づくりをしています。そこで、
保育者「暑いねーあゆむ君。お友だちはプールに入る支度をしているけど、プールどうする？」と声をかけると、
あゆむ「ぼくは、いいんです。ごはんをたべたらはいります」の返事が返ってきました。そこで、
保育者「わかったよ。じゃあできたら、ご馳走してくれる？」と言うと、
あゆむ「うん」と言って広告や折り紙を切ってお料理づくりに夢中です。
　その後、子どもたちにあゆむ君のことを伝え、あゆむ君の見えるところで体操をして、プールあそびも始まりました。時々、
保育者「ご馳走は、できましたか？」とつくり具合をあゆむ君に聞くと、
あゆむ「まだですよ。カレーをつくっています。サラダもつくります」の返事でした。
　そこでプールで遊んでいる子どもにあゆむ君のお料理づくりの様子を伝え、
保育者「あとでご馳走してもらおうか？」と言うと「うん」「いいねー」の声が子どもたちから返ってきました。そして、楽しみにしていることをあゆむ君にも伝え、そんな繰り返しを何回かしているうちに、プールから出てきた友だちに向かい、
あゆむ「これは、おいしいカレーです」「サラダもありますよ」の声が聞こえています。

> ここがポイントね！

> こうやって、「暑いねぇ」とか「おなか減ったぁ」とか、大人が感じている感覚を伝えるってのも自然でいいなぁって思う。邪魔されてる感じがしないからさ。

> ちゃんと、見えるところってのが大事だよね。「やらない」って言ったって、意外と見てるものだから。

> こうやってつなげるわけね。個別の対応ってなると、大体、集団と個って分かれちゃうけど、これだとそうじゃないよね。離れてはいるけれど仲間なんだっていう意識が、どっちにもちゃーんと入るもんね。

すると子どもたちも、急いで着替えを済ませ「なかまにいれて」とあゆむ君に言ってお料理あそびを始めました。
　おすしやデザートもつくり、できたものを持って、「きゅうしょくでーす」「のこしたらおじさんがかなしみまーす」と言いながら、他のクラスの子どもや先生にも配達したり、あゆむ君の始めたあそびに、クラスの子が集まってきてお昼まで続きました。

　そして、お昼を食べている時、
あゆむ「みんなー、プールにはいるよ」と話しています。
　すると、
　H　「ぼくもはいる」
　A　「Aもは～いろ！」
　R　「はやくはいろうよー」とお昼を食べ終わると、クラス中でプールあそびが始まりました。そんな中に、「トンネルくぐりー！」「とびこみジャンプ！」「もぐりワニ～」と言う楽しそうなあゆむ君がいます。

指導のポイント

～楽しいからこその心～
　1人の世界に入り込むことは、いけないことではなく、その行為が楽しいからです。

～1人の楽しさを共感へ～
　保育者はそんな時、その楽しさを1人ぼっちにさせず「共感」する人になり、それを仲間に伝え、つなぐことが大切です。料理するあそびとプールあそびは、一見すると全然違っているようですが、あそびは豊かで保育者の想像性でいくらでも広がります。一緒に楽しんでくれる人がいると子どもに「安心」が生まれ、心を開きやすくします。そして、子どもの思いや考え（この場合お昼食べたらプールに入る）を否定せずに向かい合うことが特に大切です。

環境設定

～1人ぼっちにさせない～
　それぞれの活動を、お互いが見えやすいところ、聞こえやすい場所で行うようにする、言葉で伝えていくなど、保育者はお互いを「見えやすく」する工夫が必要です。それは、表面的に違って見えるあそびや活動の「違い」の中にある「共通性」を子どもたちも見つけやすくし、違っていても仲間なんだという心が育つからです。

事例 ⑪

「勝ち」や「一番」にこだわる

L君（4歳・年中クラス）は、最近、ジャンケンが分かるようになり、カードゲームが好きになりました。と同時に「勝ち」や「一番」にこだわるようになり、負けると大泣きしたり、自分が勝つまで「もう1回！」と繰り返します。もともとこだわりは強かったのですが、他の友だちとのトラブルが絶えないため保育者も困っています。

どうしてだろう？
◆「一番でなければいけない」というこだわり？
◆負けることが許せないのかな？

よくありそうな対応

■事前に負けることがあることを伝える

あそびを始める前に、L君に「ジャンケンは、勝つかもしれないし、負けるかもしれないよ」と、負けることもあると伝えておきます。すぐに納得することはないでしょうが、繰り返すなかで、徐々に我慢できるようになります。

■事前に「何回まで」「何時まで」と終わりを明確にする

「終わり」がはっきりしないために、L君はジャンケンを何回もやってよいと思っているのかもしれません。そこで「ジャンケンは5回までにします」と回数を具体的に伝えて、その枠内でジャンケンをすることを経験させます。

確かに、このような対応でもいいような。でも、やっぱりなんか違うんじゃないかなぁ……気になるあなたは、次のページを！

事例11 「勝ち」や「一番」にこだわる

でもね、子どもの側から見てみると

そもそも、「トラブル」なのかなぁ？

　年中の4歳という時期。勝ち負けが分かり、「勝ちたい」「一番になりたい」という意識が強くなるのは自然な姿のように思います。勝った時の「やったー」はいいけれど、負けた時の悔しい気持ちとどうやって向き合えばいいのやら、まだまだ難しいと思います。

　「一番になるまでやる！」という子どももいれば、「一番にならないかもしれないからやらない」と勝敗のあるものを遠ざける子もいるかもしれません。そんな4歳です。とことん悔しい気持ちをじっくり経験してもいいように思います。とことんこだわっていい時期、今こだわらなくていつこだわるのってくらいです。「こだわる時」に欠かせないのは、保育者やクラスの子どもの存在です。保育者に悔しい気持ちを受け止めてつきあってもらうことや、悔しくてぐずぐずしているよりもクラスの子どもと一緒に遊ぶほうが面白そうと思えるようになることが大切なように思います。

結果ばかりにとらわれないで

　「勝ち」や「一番になること」にこだわる理由は、他にはないでしょうか。ゲームやジャンケン以外でも「勝つ」とか「一番」のほうが、保育者にほめられたり注目をあびるようなことが多かったりしませんか？　子どもたちに「早いね」「上手だね」などのようなほめ言葉をかけているということは、結果ばかりに注目しているということです。大人からすると「できて当然」と思うようなことも、子どもなりに苦労しているかもしれません。その過程にもしっかり注目して、子どもが生活に手ごたえを感じられるようにしていきたいものです。

よくありそうな対応の気になるところ

■2つの対応に共通するのは、「トラブルをスムーズにおさめる」ことが目的になっていることです。スムーズに動かしていくことが保育だと考えれば、それでよいのかもしれません。しかし、本当にそれでよいのでしょうか。

　子どもたちは勝ち負けのなかで、「勝ってうれしい」「負けてくやしい」気持ちをたくさん感じます。だからこそ「トラブル」もあります。でも、そんな「トラブル」があるからこそ「負ける時もあるよな」と折り合いをつけたり「負けたけどもう一度頑張ってみよう」と立ち上がる気持ちが生まれるのです。

事例 ⑪　「勝ち」や「一番」にこだわる

そこで、視点を変えるとこんな実践も

「かち」や「いちばん」がだいすきなんだ！
悔しさの折り合いをつけるために

のぶお……4歳児。1番にならなかったりジャンケンに負けると怒ったり、大声を出したりする。叩いたり泣いたりすることもある
まさし……クラスが同じ。なかなかのぶおに言いたいことを言えない
ＴＫＳ……クラスの子ども

　4歳児クラスの子どもたちが「ヘビジャンしようよー」と5、6人集まってきました。そこにのぶおちゃんがあとからきて、並んでいる子の1番前に並んでしまいました。
　すると、後ろに並んでいた子どもたちが、
　S　「なんでのぶお君前に入るの？」
　K　「のぶお君、ずるい」
　T　「いつものぶお君は、前に入っちゃう」と矢継ぎ早に言ったのです。すると、
のぶお「うるせー」と泣きながらのぶお君は、怒り始めてしまいました。そこで、
保育者「それは、入られちゃったらいやだよねー」とS、K、Tに言いながら、
保育者「のぶお君は、S君にここに入ってもいいって聞いたの？」
のぶお「聞いてない？」
保育者「じゃあ、聞いてみる？」と言って、真後ろのまさしちゃんに聞いてみると、
まさし「いいよ」というけどなんだか曇り顔です。そこで、
保育者「本当にいいの？」
まさし「……」
保育者「イヤな時は、イヤだよって言っていいんだよ」
と言うとまさし君は、大きな声で「イヤ！」と言ったので、
保育者「残念！　じゃあ、のぶおちゃんは、ここには入れないね」と言うと、のぶお君は、寝っ転がって怒り始めてしまいました。それで、
保育者「入りたかったね。分かるよ。でもムリなんだよねー」と伝え、傍にいて、繰り返し悔しかった気持ちに共感しながら、泣きやむのを待っていました。

ここがポイントね！

トラブル自体はまさし君が「いいよ」と言った時点で終わったっていい。よくあるのは、「まさし君がまんしてくれてありがとね」って感じかな。なのに、終わるはずの問題をぶり返すなんて！　しかし、これでまさし君ほんとの気持ちを出せてるもんなぁ。

時間かかるよねぇー。でも、こうするしかないだよねー。

事例11 「勝ち」や「一番」にこだわる

　　すると、涙が止まり、ヘビジャンに入ってきたのぶお君は、みんなの後ろに並びました。そこで「すごいね、お友だちの言うこと分かったんだ、のぶおちゃん。素敵だね」とのぶおちゃんにもみんなにも聞こえるように呟きました。

> 直接とか、みんなの前でとかじゃなくて、保育者の呟き（心の声）なんだもの。いやぁ、これはすごい高度！

指導のポイント

〜やりたかった心・やれない心の共感を〜
　「行動」のみに目を向け「分からせる」ために強い口調で叱責するのでは、子どもの心に届きません。しかられたからやめるのであって、本当にやってはいけないと考えて行動する力にはなりません。
　やりたかったことがやれないことは、子どもにとってとっても悲しく悔しいことです。その気持ちを分かる大人が傍にいてくれたら、子どもは、時間がかかっても折り合いをつけていくのです。

〜保育者が子どもたちのモデル〜
　分かってくれる大好きな人の言葉や行動で、子どもは少しずつ我慢をする力を育てていきます。この場合は、保育者でしたが、やがてそれは、仲間の中で大好きな人をつくり、我慢する力が本物となっていきます。

環境設定

〜育ち合う仲間の力〜
　勝ちや1番にこだわるのは、友だちの関係のなかで起こる姿です。その子の周りにいる子どもたちに「イヤなことはイヤだと言える力」「おかしいことは、おかしいよ」と言える力が育っているか？　が大切です。日頃の人間関係の育ちが大事です。

事例 ⑫

謝るのだけれど気持ちがこもっていない

P君（5歳・年長クラス）はおやつを配る係でしたが、ある子に配り忘れました。そのままおやつの時間になったので、その子は泣いてしまいました。P君は、その様子を見ているのにおやつを淡々と食べています。保育者に注意されると、言葉だけで「ごめんなさい」と謝ります。給食場面に限らず、気持ちのこもっていない「ごめんなさい」になっています。

どうしてだろう？
◆相手の気持ちが分からないのかな？
◆泣いている子への対処の仕方が分からない？

よくありそうな対応

■**友だちが泣いている時に、どう行動すればいいかを伝える**

友だちが泣いている時、どうすればいいのか分からなかったのかもしれません。友だちにどうすればいいかを積極的にP君に伝えていくことが必要です。保育者を呼んだり、おやつを渡したり、「どうしたの？」と尋ねるなどの行動を教えましょう。

■**友だちの気持ちを分かりやすく説明する**

P君は、おやつをもらえなかった友だちの気持ちがよく分からなかったのでしょう。そのため「ちゃんと気持ちをこめて謝りなさい」とだけ言っても、P君には伝わりません。「自分だけがおやつがもらえなくて、○○ちゃんは困ってしまったんだよ。だから泣いているの」などと、友だちの気持ちを分かりやすく説明するところからはじめます。

確かに、このような対応でもいいような。でも、やっぱりなんか違うんじゃないかなぁ……気になるあなたは、次のページを！

56

でもね、子どもの側から見てみると

誰の、何のための「ごめんなさい」か

　P君が相手の気持ちに共感することが苦手であることが分かっているなら、「ごめんなさい」が言えることは目標ではありません。
　相手が泣いたこと、相手を傷つけたことに気づき、困ったと感じなければ「ごめんなさい」の本質はないのです。P君の言葉が気持ちや行為とつながっていない、そこが先生が引っかかるところだったのでしょう。
　相手の気持ちに気づいたり、考えたりできる力を育てたいと思うのならば、その土台に、それだけの人間関係が必要になりますね。大好きな先生、大好きなお友だちはいますか？

配り忘れたから？　泣いたから？

　この場面、P君は謝る理由が分かったでしょうか？　そもそも、P君は謝らなければいけないのでしょうか？
　配り忘れたことを謝ったの？　それなら、配り忘れないようにとか、忘れた時にどうするかでいいですよね。
　じゃあ、泣かせちゃったから謝ったの？それなら、○○ちゃんが泣かなかったら、謝らなくてもよかったのでしょうか？

5歳なのに、年長なのに

　おやつを配り忘れられて泣いている子……。「私のないんだけど」「足りないよ」って、自分で言えないのは、それでいいのでしょうか？
　泣いている子の近くにいる他の子たち……。「○○ちゃんのないよ」「もう一個持ってきて」って言ったり、「持ってきてあげるよ」って助けたりしないのでしょうか？
　P君だけの問題なのかなぁ？

よくありそうな対応の気になるところ

■P君はわざと口先だけで「ごめんなさい」と言っているのではありません。相手が悲しんでいるという気持ちに気づいていないために、謝る必然性を感じていないのだと思います。そういう意味で、相手の気持ちに気づかせる対応は必要です。
　しかし、そのうえでとなりますが、気になる部分があります。それは、P君だけが指導される対象になっている点です。泣いている子を見ていた他の子どもはどうしていたのでしょうか。また、泣いている子どもも、自分の気持ちを言葉で言うことはできなかったのでしょうか。年長クラスとしての集団の弱さが見えます。気になる子だけの問題ではないはずです。

事例 ⑫

謝るのだけれど気持ちがこもっていない

そこで、視点を変えるとこんな実践も

きけばいいんだよ
ありますか？
教えてくれたら分かるよ

ゆうき……5歳児。目の前で起きていることを理解するのがゆっくり。そのため考えて言葉にするのがうまくなく、気持ちをこめた言葉を発するのが難しい
しんじ……ゆうきと同じグループ。いつも自分の気持ちを表すのが苦手
ＡＢＣＤＥＧ……グループの子ども

おやつを食べる時でした。お部屋でしんじ君が泣いています。そんな声を聞いて、
　Ａ　「しんじ君泣いている」　Ｂ「どうしたの？」
保育者「どうしたのかな？」と周りにも聞こえる声で話すと、
　Ｃ　「おなかいたいの？」
　Ｄ　「だれかにたたかれた？」
　Ａ　「こぼれちゃった？」と聞いても、しんじ君は反応がありません。すると、
　Ｂ　「おやつがないんだよ！」
保育者「そうなの？」と聞くとしんじ君がうなずきました。その時、
　Ｂ　「ゆうき君。しんじ君のおやつないよ」
保育者「お当番は、だれかな？」
みんな「ゆうき君」と答えている時、
　Ａ　「しんじ君おやつないよ。もってきてと言える？　言うんだよ」
　Ｃ　「こまったときは、おくちで言うんだよ。言える？」の言葉に小さな声で、
しんじ「おやつまだないよ。もってきて」と言ったのです。
保育者「お話できて素敵だね。ゆうき君聞こえた？」と聞くと、
ゆうき「わかった」と急いでおやつを取りに行きしんじ君に渡しました。しんじ君も泣きやみうれしそうです。
保育者「よかったね。困った時おくちで言うと分かるんだよね。お話できて素敵だね。ゆうき君もそうして言ってくれると分かるね」の言葉に、ゆうき君は「うん」とうれしそうでした。
　みんなそろったので「いただきます」して、食べ始めた時、

ここがポイントね！

やっぱり、ここでも保育者は意識して聞こえるようにしているわけだね。そうすれば子どもたちのやりとりになる。

子どもたちがもう分かってる。そうやって言われて、それでよかった経験があるからだよね。

で、保育者はうまくいった意味づけをする。

58

事例12　謝るのだけれど気持ちがこもっていない

保育者「ゆうき君見て。しんじ君、ゆうき君がおやつ届けたからうれしくてもう泣いていないね。よかったね。今度配るの忘れないようにするにはどうしたらいいのかなー？」と言うと、
ゆうき「わかんない」　しんじ「ない人は、おくちで言う」
　　A　「そう。ちゃんと言わないとわからないから」
保育者「そうだね。無い時と困った時はお話しするのは、いい考えだね。じゃあ、お当番さんは、どうしたらいいの？　ちゃんと配ってあるかなーと分かるには、どうしたらいいのかなー」と言うと、
　　G　「きけばいいんだよ。ありますかって」　B「そうそう」　E「それはいい。給食のときみたくね」
ということで、配る時は、「○○は、ありますか？」と聞くということになりました。

> けっきょく、保育者は何にも提案してないけど…。年長にもなれば、子どもから出てくるもんなんだよねぇ。子どもの力は大人が思っているよりあるものです。

指導のポイント

〜行動の後ろにある子どもの心に目を向けて〜

　子どもは、子どものかかわりのなかで失敗したり間違ったりしながら、必要な「言葉」や「行動」を覚えていきます。「ありがとう」の言葉にはうれしかった経験、「ごめんなさい」には、自分のやったことが相手にとって不快になったことが分かる経験が必要です。
　早急に「言葉」で解決するのでは、「意味のある言葉」は学べません。

〜失敗のなかで学ぶ〜

　トラブルの起きた原因を保育者の支えでていねいに整理するなかで、自分の行為を振り返ったり、わざとやった行為と無意識の行為があることを知ったりして、次に同じ原因で問題が起こらないようにするためのルールをみんなでつくることが大切です。
　失敗や間違いを叱ったり怒ったりするだけでは、その場を取り繕うだけで学ぶことができません。経験を通すことで「言葉と気持ち」が結びつきます。

環境設定

〜かけがえのない仲間関係と安心するクラスづくり〜

　人間関係が豊かに育つためには、問題を大人と本人、当事者と本人で解決するのではなく仲間のなかで考えていくことが大切です。
　そうしたなかで、年長くらいになれば、保育者が仲立ちしなくても、子どもたちでクラスをよくするための、話し合いが生まれてきます。

59

事例 ⑬

乱暴な言葉や酷い言葉を出す

普段1人で遊ぶことの多いマイペースなE君（5歳・年長クラス）。保育者や友だちから、「お部屋入ろう」と自分のペースを崩されることを言われると、「お前なんか、うめてやる！」「このブタヤロウ！」と酷い言葉を出します。保育者が注意しても、やみません。

どうしてだろう？
◆言ってはいけないこと自体が理解できない？
◆酷い言葉以外の言い方を知らない？

「このブタヤロー！」
「おへやにはいろうよー」

よくありそうな対応

■ クラスでのルールを明確にする

状況理解が悪いために、クラスでの暗黙のルール（ここでは、酷い言葉を言わない）が分かっていないのかもしれません。そこで、E君には、「ブタヤロウとは言いません」と、絵や文字で書いて、彼が分かる形で、「言ってはいけない」というルールを明確に伝えましょう。

■ 個別に「言い返す方法」を教える

イヤなことを言われた時に、E君はどう言い返せばいいのか分からないのかもしれません。イヤなことを言われた時に、どう言えばよいのかを個別に教える必要があります。ロールプレイなどをして、別の言い方を教えましょう。

確かに、このような対応でもいいような。でも、やっぱりなんか違うんじゃないかなぁ……気になるあなたは、次のページを！

事例13　乱暴な言葉や酷い言葉を出す

でもね、子どもの側から見てみると

E君目線で見てみると……

　E君が楽しく遊んでいると、先生たちはいつもE君の近くに寄ってきます。そして、他のあそびに誘ってくるのです。
　今日もまた、先生が何か言いながら近づいてきます。『これが楽しいから、まだやっていたいのに。邪魔しないでよ』と思ったE君は「イヤ」と断りました。さて、あそびの続きを……と思っていると、先生はまだ懲りずに他のあそびに誘うのです。『何回もイヤだって言ってるのに、わかってくれない！　なんてしつこいんだ！』と思っていると、今度はお友だちが近づいてきました。『また邪魔する気だな！』そう思ったE君は……。

E君の気持ちが想像できる

　E君は年長。数年間こんな毎日を送っているのかもしれません。こうなると、酷い言葉で表現するのも分かる気がします。強く言わなきゃ大事なものを守れないのかも。
　自分のやりたいことを十分にやりきることができない。それって、辛いことですよね。
　誘う側に邪魔する気はなくても、E君からすると、自分の大事なものを守りたい、その思いが日々強くなってしまっているのかもしれませんね。

言われたほうの子は……

　ところで、酷い言葉で言われてしまった、お友だちはどんな反応をするのでしょうか？
　怒るのか、泣くのか、そんなものだと思っているのか……。
　そのお友だちの反応に対して、今度E君はどんな反応をするのでしょうか？
　年長児のこのあとのやりとり、見所です。

よくありそうな対応の気になるところ

■ルールを明確にする指導は、「そんなこと言わないの！」と叱りつける指導に比べると、子どもに威圧感を与えないという意味では工夫されたものです。
　しかし、この「ブタヤロウとは言いません」という工夫も一方的という意味では、叱りつける保育と同じです。このような指導の前に、子どもがそう言わざるをえない理由を見つけることが先ではないでしょうか。

■言い返す方法を教えるというのは、ソーシャルスキルトレーニング（SST）と言われる手法に近いものです。目標とするスキルや行動の見本を見せ、真似をさせるなかで行動を習得させるものです。ただ、現実的に考えて、いまのE君に、このような対応が通じるとは思えません。おそらく誘いかけても「うめてやる！」などと強く拒否されるでしょう。E君が保育者との安心感を背景に、「こういう言い方をやめたい」と自ら願ってはじめて、SSTは効果を発揮します。

事例 ⑬

乱暴な言葉や酷い言葉を出す

そこで、視点を変えるとこんな実践も

ふつうのこえで
いってね
本当の気持ちは難しい

ただし……5歳児。大きな声や酷い言葉を出して自分の行動を表すことが多い
ＡＳＭ……グループが一緒でただし君のことを怖がっているところがある

　給食の時間が近づいてきました。そこで遊んでいる子どもたちに「もうすぐごはんだから次に呼んだら片付けようね」とか「何つくっている？　もう少しでお昼だからどこまでつくったら続きにできる？」など子ども自身のなかで「おしまい」をつくれるように声をかけました。
　しばらくしてお昼が近づいたので「もうお昼だから片付けようね」と声をかけると子どもたちは、片付け始め、お部屋に集まってきました。ところが絵本を読もうとするとただし君がいません。
保育者「ただし君がいないねー」と言うと呼びにいく子どもたち。「おへやに入るよー」「えほんがはじまるよー」「はやくきてー」と呼ぶけれどただし君は、砂場でダムづくりを夢中になってやっています。それでも子どもたちが呼び続けるので、
ただし「おまえらうめてやる。このブタヤロウ‼」の大声に、子どもたちはビックリして黙ってしまいました。
保育者「怖いねー。それじゃあみんながビックリしちゃう。一緒に絵本を見ようって呼びにきただけだよ」
ただし「うるせーなー。まだつくっている途中なんだよー」
保育者「そうかー。まだつくっているんだね。じゃあ、先に絵本読んでいてもいいかなー？　終わりにしたら来てね。待っているね」
ただし「わかったからあっちいけー！」
保育者「わかったよって言えばいいよ」

　そこで、クラスの呼びにきた子どもたちと戻り、絵本を読んだのですが、読み終わってもただし君は戻ってきません。そこでお昼の支度を始めるなか、グループの子どもた

ここがポイントね！

予告はされているわけです。しかも、大人の勝手な都合で切り上げようとしているわけではない。それでもダメだってことね。さぁどうするか。

保育者が、子どもたちの気持ちや行動を代表して言っているだけ。それだけなんだね。

具体的にこうしたほうがいいっていうことを伝えるんだね。

事例13　乱暴な言葉や酷い言葉を出す

ちが呼びに行こうとするのですが、
　　A　「ただし君こわいんだよなー」　S「すぐおこる」
　　M　「こわい」と話す子どもたちに、
保育者「そうだねー。怖いねー。イヤだねー。普通に言ってほしいね」
　　　と話しながらただし君のところに行き「ご飯にするよ」「早く来
　　　て」と伝えると、
ただし「うるせーなー。いけばいいんだろう」
　　この言葉に子どもたちは、黙ってしまいました。そこで、
保育者「普通の声で言ってくれればいいよ。わかったよって。みんなた
　　　だし君と食べるって待っててくれたからね」と言うと、何も言
　　　わず片付けるただし君。そして、片付け終わったただし君に、
保育者「ただし君、ダムづくり続きにしたの？　続きにできてすごいね。
　　　ご飯食べたらまたつくるの？」と聞くと、
ただし「うん。つくる。大きいのを。もっと大きいの」
保育者「すごいねー。じゃあ、仲間に入れてくれる？」と言うと、うれ
　　　しそうに「いいよ」と話すただし君でした。
　　その後、お昼を食べながらグループの友だちに「いいぞー」と自分の
　　つくっているダムづくりの話をしているのが聞こえてきました。

> 声の大きさや、キツさについては、これしか伝えてない。

> それまでのこと、何も言わないんだ……。言いたくなっちゃうもんだよねぇ。

> ⇒結局、この事例、何にも解決してない（笑）。この場で解決しようとはしてないのだよなぁ。だって、そんなに簡単になおるものじゃないもんね。

指導のポイント

～本当の気持ちに言葉を添える～

　暴言を頭ごなしに怒っても、子どもの心は開きません。続けたい！　一心で暴言を吐く子どもの心に添って「まだつくっていたいんだね」と伝えると、高まった感情に間ができ、落ち着きます。保育者の「分かったよって言えばいいんだよ」の言葉が、心に届きやすくなります。そして、暴言を吐く時は、強い拒否感の表れであること、感情にふさわしい言葉を本人が持っていないことを知り、日頃の保育のなかでていねいな会話を心がけていきましょう。

～周りの子どもの心に気持ちを寄せる～

　怖いなーと思う子どもたちの心に気持ちを寄せることが大事です。「そうだねー。こわいねー」と思う心を分かってくれる大人がいたら、子どもは、暴言を吐く子どもに「暴言はイヤだよ」のメッセージを送り続けることができます。

～自分のなかで切り替える～

　集まることを伝える前に、子どもたちの遊びがどうなっていて、どうなったら「自分でおしまい」に子どもたちがするか？　をつかんで声をかけることが大切です。

63

事例 ⑭

日によって調子の波が激しい

Kちゃん（5歳女児・年中クラス）は、お母さんと2人暮らし。お母さんは、心にしんどさを抱えているため、Kちゃんとゆっくり遊ぶ余裕がありません。Kちゃんは、ニコニコとしていたかと思えば、急に、些細なことで相手につかみかかったり、すねたりします。ジェットコースターのように調子の波が激しく、保育者は、その理由がわかりません。

どうしてだろう？
◆ 親と十分にかかわれていないからかな？
◆ 感情コントロールができないのかな？

よくありそうな対応

■ **まずは、落ち着くことを優先させる**

日によって行動が違う背景には、感情コントロールの難しさがあります。ですので、興奮している時は、注意や説得をせずに、静かな場所に連れていき、Kちゃんを落ち着かせます。

■ **「やってはいけないこと」を確認しよう**

Kちゃんは、「やっていいこと」「やってはいけないこと」の区別があいまいなために、その時々の感情に左右されてしまうのかもしれません。Kちゃんが落ち着いている時に、「やってはいけないこと」が何か、なぜやってはいけないのかについてのルールを決めておきましょう。

■ **お母さんにかかわってもらう**

Kちゃんはお母さんと十分に遊んでもらっておらず、ストレスがたまっているのかもしれません。だから、感情の波が安定せずに、日によって、怒りっぽくなるのでしょう。お母さんは、心に余裕がないようですが、子どもの状況を説明して、少しでもいいので、かかわってもらうように伝えましょう。

確かに、このような対応でもいいような。でも、やっぱりなんか違うんじゃないかなぁ……気になるあなたは、次のページを！

でもね、子どもの側から見てみると

原因探しに力を注ぐよりも……

　"調子の波が激しい"「その理由が先生には分かりません」とあります。Kちゃんだって分かっているでしょうか？　Kちゃんが意識的というか自発的に"調子の波"を起こしているわけではなさそうです。それなのに、Kちゃんのしたことを注意したり、ルールを伝えても、Kちゃんに届いていると思えません。そもそも"調子の波"も、自分自身で感じるよりも、友だちや先生の反応を通して、「今日はいっぱい怒られるなあ」「みんなが遊んでくれないなあ」とあとから感じているのかもしれません。

「ここでできること」を考える

　お母さんにKちゃんとゆっくり遊ぶ余裕はなく、その理由も分かっています。そんな時に、「お母さんにかかわってもらう」という解決策は、保育の仕事を投げ出してしまっているような気さえします。子どもにとってお母さんの存在は大きいのは間違いないとは思いますが、それだけでなく、いろいろな大人・仲間に大事にされる経験も大切なことです。

　ですから、保育者は「ここ（園・集団生活）でできること」を考えるべきです。
　調子の波が激しくなってしまうような日常を背負い、Kちゃんは登園しています。だからといって、友だちにつかみかかっていい理由にはなりません。でも、注意することは今のKちゃんには届いていないみたいです。Kちゃんの「友だちにつかみかかった」という行為は受け止められませんが、「なんだかむしゃくしゃした」というような気持ちはちょっと分かる気がします。
　大人だってクラスの友だちだって「うまく言葉にできないけど、なんだか落ち着かない」というような日があるかもしれません。となると、Kちゃんだけが特別ではなく、「みんな同じ」ことがあるというようにつながると思います。

よくありそうな対応の気になるところ

■「落ち着いてほしい」「やってはいけないことをやめてほしい」という保育者の思いは理解できます。落ち着かないことで、周りとのトラブルも増えますし、本人もイライラしているわけですから。しかし、子ども自身も、どうにもならないのだと思います。大人でもコントロールが難しい調子の波を、幼児が自分で調整することはまず無理です。「落ち着きなさい」「やめなさい」といった直線的・短絡的な対応ではなく、楽しくなるあそびや生活を保障することこそが、長い目で見てKちゃんの安心感につながります。

■家庭生活が不安定だと、子どもの気持ちも不安定になることはよくあります。だからといって「お母さんにかかわってもらう」では、むしろ、お母さんを追い詰めて、親子をより不安定にする恐れがあります。
　そうではなく、「いま・ここ」の保育を見直すなかで、子どもの素敵な姿を引き出し、その姿をお母さんに伝えることが、Kちゃんとお母さんを支えることにつながります。

事例 ⑭

日によって調子の波が激しい

そこで、視点を変えるとこんな実践も

せんせいの
おひざでまつ？
ぼくだって分からない

かずき……5歳児。唐突な行動は、自分でも理由が分からないと言う。感情が激しく変化し、毎日クラスのなかでトラブルが多い
ＢＣＤＥ……クラスの子ども

　朝登園してきたかずき君に「おはよう。かずきちゃん」と言いながらぎゅうーとハグするとうれしそうなかずき君。その後は、廊下に寝っころがっています。
保育者「疲れちゃっているのかな？」とおでこを触ったりすると、ニコニコになり動き始めました。
保育者「おしたくできるんだぁ。すごいんだね」と声をかけて、かずき君ができるたびに「自分でできるなんてすごい」と声をかけています。
　その後、サッカーをやりに外に出て行ったかずき君。お部屋では、Ｃ君が「この本よんで」と『じごくのそうべい』を持ってきました。そこで、「絵本劇場始めまーす」と声をかけると、子どもたちが集まってきました。
　読もうとするとかずき君が戻ってきて、座った隣のＢ君にテレビの話をしていて、その声はどんどん大きな声になり、
　　Ｃ　「きこえないよー」
　　Ｄ　「しずかにしてよ」
　　Ｅ　「やめてー」
という友だちの声に、ますますうれしそうに大声で話すかずき君でしたが、その声を聞いてＢ君と一緒に部屋を出て行ってしまいました。
　ところがＢ君が戻って絵本を見始めるとまた、大きな声で話をするかずき君。
保育者「かずき君つまらなくなっちゃったのかな。かずき君はどの本を見たいのかな？」と言うと、
かずき「みたくない。つまんない。つまんない」
保育者「ちゃんとお口で言えるんだー。素敵だね。そうするとよく分かるよ。何して遊びたいのかな？」

ここがポイントね！

きっと、背景が分かっているから、こうやって迎え入れるんでしょうねぇ。自分を迎え入れてくれる人がいるってうれしいよねぇ。

年長児なら当然のことでも、今のかずき君には必要な言葉なんだもんね。

年長にもなれば、保育者がうながさなくたって言うわけだ。

> かずき「サッカー」と言うと、見ていた子どもたちが「やるやる」「やろうよ」の声があがったので、
> 保育者「じゃあこれ読んだらサッカーやる？」と言うと、子どもたちは納得したのですが、
> かずき「いやー」
> 保育者「じゃあ、先生のおひざで待っている？」
> と言うと、ちょっと照れくさそうにニコニコとおひざにくるかずき君でした。

> 5歳だって、何歳だって、おひざに座ったり、だっこはいいよね。それで安心したり、次の力が溜まってきたりするものですね。

指導のポイント

～子どもの本当の心に寄り添う～

調子の波が激しく、友だちを叩いたり、友だちのイヤがることをしたりするかと思うと穏やかな姿を見せる子どもたちに共通するのは「甘えたいけどうまく表せない」姿です。子どもが心を落ち着かせることが難しい時ほど、派手な行為に引きずられることなく、冷静な気持ちで子どもの心に付き合うことが大事です。

～どんな姿も大好きだよの心で～

そんな時には、体を使ってのコミュニケーションを日常的に多くしながら、不適切な行為の裏にある気持ちに共感する言葉を伝え、「この人は分かってくれる」安心感を育て、信頼感を構築します。そうしたなかで、不適切な行為を止める我慢する力を育てていきます。

～子育て支援を～

心と心が通い合うには、子どものどんな姿もいったんは共感することが必要です。行動の激しさに、怒ることが多く、疲れきってしまっている親へは「子育てのヒント」を含めてていねいにかかわることが大事です。

環境設定

～保育者の言葉と態度～

いつも困った子、ダメな子なんだと固定的な見方が生まれないように、この行為と本当の気持ちを他の子どもたちに伝え、温かい人間環境をつくることが大切です。

特に、保育場面の保育者の言動をよく周りの子が見ていることを忘れないようにしましょう。

事例 ⑮

おとなしく、感情が見えにくい

Ｚちゃん（4歳女児・年中クラス）は、お家では話すのですが、幼稚園ではあまり話しません。「イヤ」など短い言葉であれば話すことができますし、保育者の話はよく理解しているので、活動に参加すること自体に支障はありません。それ以上に気になるのは、感情表現が見えにくいこと。うれしい表情や悲しい表情、困った表情などが見えにくいのです。

どうしてだろう？
◆言葉を出すきっかけがつかめない？
◆親子関係に問題があるのかも？

よくありそうな対応

■「楽しいね！」と言葉を添える
　感情を出すきっかけをつかめないのかもしれません。そこで、たとえばＺちゃんが踊っている時に、保育者がさりげなく、横に寄り添い、「楽しいね！」と声をかけましょう。すぐに変わらないかもしれませんが、地道に続けるなかで、感情を引き出すことになるでしょう。

■必要以上に注意をしない
　「困った」状態なのに、困った表情を出さないのは、怒られることを避けるための一種の防衛的な反応と言えます。ですので、必要以上に注意をすると、よけいにＺちゃんのなかに固い殻をつくることになります。できるかぎり注意をしないようにしましょう。

■親子関係をさぐる
　家庭が安心できる場となっていないために、感情を表に出すことが難しいのかもしれません。親御さんの子育ての方針を聞いてみたり、また、親御さんにストレスがたまっていないかを確認しましょう。

確かに、このような対応でもいいような。でも、やっぱりなんか違うんじゃないかなぁ……気になるあなたは、次のページを！

事例15 おとなしく、感情が見えにくい

でもね、子どもの側から見てみると

安心できる場になってる？

　場面が違って、態度が変わるということは、「違い」を敏感に感じることのできる子なのでしょうね。今の自分のままで大丈夫、そう感じられたら、表現してみようという気持ちになれます。
　Ｚちゃんにやさしくても、他の子にはどうでしょう？　表現は柔らかくても、縛りが多かったり、やることが決まっていたりしませんか？

言葉や生活の力が育っていても、気持ちは……？

　園生活で困らない──だとすると、他の子よりも、しっかりしているのかもしれませんね。本当に家では賢くて、他の子よりもしゃべっているのかもしれません。大人は「言葉」や「生活習慣」という見えるところで安心します。この場面ではこう言う、こうやると学習すれば、表面上は問題ないのです。
　でも、表現に気持ちが追い付かない場合があります。気持ちを表す言葉と感覚は、一緒に共感してくれる人がいるから身についていくものです。その人の感じ方は様々。だからこそ、小さい時からの豊かな気持ちの代弁が重要になるのだと思うのです。

お友だちとのなかでは？

　「活動に参加すること自体に支障がない」ってのが気になります。この表現からは、Ｚちゃんが楽しそうに参加する様子は浮かんできません。
　一日の園生活のなかで、お友だちとのかかわりのなかで楽しそうにしている場面があるでしょうか？　自由あそびや、お昼を食べる時、トイレに行く時など、ふっとした時でもいいのです。それが見えているんだったら、そんなに心配いらない気がするのですが……。

よくありそうな対応の気になるところ

■「楽しいね」と声を積極的にかけることは重要です。ただ、前提として、保育者が「子どもは楽しんでいるだろう」とＺちゃんの内面を感じることが重要です。そのこと抜きに「楽しいね」と声をかけても、Ｚちゃんに、その言葉は届きませんし、彼女の言葉を引き出すこともできないでしょう。

■必要以上に注意しないことは大事ですが、それは他の子どもでも同じことです。そして注意すべき時は、他の子どもと同じように注意すべきでしょう。そもそもＺちゃんに求められるのは、注意しないことではなく、安心できる関係や時間を保障することです。

■親子関係を含めた子どもの生活の様子を知ることは大事なことですが、子どもの「気になる」行動を、直線的に親子関係に結びつけることは戒めなければいけません。生活を知ることは、あくまで保育を見直すためのものです。親子関係の改善を求めるためではありません。

事例 ⑮

おとなしく、感情が見えにくい

そこで、視点を変えるとこんな実践も

いっぱい、いれちゃったよ
キャッ！は、やりたいサイン

あさみ……3歳児。自分の気持ちを言葉にすることが少なく、じっと見たりしていることが多い
ＢＣＤ……クラスの子ども

　3歳児クラスのあさみちゃんは、一緒に遊んでいる時に「楽しいのかなー」と感じることがたびたびあるのですが「イヤならあそびをやらないだろう」と、あそびのなかで示すあさみちゃんの表情やしぐさやあそびにかかわる姿勢（夢中になっているか）を感じながら毎日遊んでいます。

　この日は暑く、朝からプールあそびが始まりました。
　子どもたちは、プールにたくさんのボールが浮かんでいるのを見て、Bが「先生、たまいれやりたい」と言うと、傍にいたCも「やりたい」と言った時には、もう「はい。これ」とDがカゴを持ってきたので、
保育者「行くよー、よーいどん！」とプールのなかで玉入れが始まりました。（先生が、カゴを持ち、逃げたり高さを変えたりしながら、子どもたちはカゴめがけてボールを入れるあそびです）
　そんななかで、あさみちゃんもボールを持って立っています。が、投げることはなくみんなを見ています。そこで、あさみちゃんも関心があるのかなと、
保育者「うわーいっぱい入ってきたね。プールのボールみんな入れちゃおうか」とあさみちゃんに向かって言うと、
Ｃ　「いいねー」と言ったのですが、あさみちゃんは、何も言いません。でもイヤそうでなかったので、
保育者「あさみちゃんも入れて」と言うと、はっとした顔でボールをカゴに入れ始めました。そこで、
保育者「あっ。いっぱいになってきました」と言ってあさみちゃんを見ると、ボールが少なくなってきて探して困っている表情なので、
保育者「あさみちゃん、あそこにもボールがあるよ」と言うと、急いで取りにいくあさみちゃん。ところがプー

子どもの表現って、言葉だけではなくて、さまざまなものに表れるからねぇ。最初から、そう思ってかかわってるわけですよね。

事例15　おとなしく、感情が見えにくい

> 保育者　ルのなかで慌てたせいか転んでしまいました。起き上がる時、「うわぁぁ‼　あさみちゃんカッコイイね！」とあさみちゃんを見て笑って言うと、表情が柔らかくなり、「キャッ！」と笑いながらさっきより、何回も何回もボールを入れて喜ぶあさみちゃん。カゴにボールが一杯になったので、またプールのなかにボールをこぼすと、さらに何回もボールを入れて、「あさみ、いっぱい入れちゃったよ」と言って、とてもいいお顔です。
> 保育者　「すごいねー。また、いっぱい入れちゃう？」と聞くと、すぐボールを拾って入れるあさみちゃん。そして、この日は、何回も何回も玉入れを楽しむあさみちゃんでした。

> 共感としたら、「いたかったねぇ」「びっくりしたねぇ」じゃないの？って思うけど、本人が泣いてないものをわざわざ泣かさなくったっていいよね。これで楽しさにつながっていっちゃうんだから、ハプニングは大歓迎。

指導のポイント

～見えにくい子どもの感情をつかむ～

感情が見えにくくても、子どもは、そこから離れず見ていたり、同じことをやり続けているなかに、楽しい感情を表出しています。そうした見えにくい子どもの感情サインを言葉だけでなく、眼差しや表情・動作から見つけ出すことが大切です。そして、日常のあそびで見せるサインをていねいに見つけ、共感していくことが大切です。

～興味・関心を育てるあそび～

子どもの興味・関心がどこにあるのかを見つけ出し、気に入ったあそびを十分に味わうことで、自信が生まれ、子どもは、安心して感情を出しやすくなります。

～子ども心をつかむ働きかけを～

「転ぶ」などマイナスに感じてしまいやすい場面を「大丈夫？」ではなく、「かっこいい！」と言われたことで、子どもは心をリラックスさせて、その後の笑顔につながります。失敗や間違いもみんなあそびの面白さに変える保育者のユーモアや柔軟な心が求められます。

環境設定

～ほっとする人・ほっとする場所をつくる～

「安心する人」「安心する場所」を園の中に確保することができないと、子どもは、感情を表出することは難しいです。

保育の基本である大人との安心感、信頼感の構築が基本となります。大人との関係ができると、子どもは仲間に安心して関心を寄せていきます。

事例 ⑯

逃げ出すほど音に敏感な子ども

Iちゃん（3歳・年少クラス）は騒がしい雰囲気・賑やかな雰囲気が苦手です。友だちの大きな声や、ピアノの音が聞こえると、耳をふさいでその場から離れてしまいます。保育者が「大丈夫だよ」と声をかけるのですが、落ち着きません。

どうしてだろう？
◆聴覚に過敏さがあるのかな？
◆どう遊んでいいのか分からない？

よくありそうな対応

■イヤーマフを使う
　障害のため、音の過敏さが強いと考えられます。もしそうであるならば、無理に音に慣れさせようとするのではなく、イヤーマフ（耳栓のようなもの）を使って、少しでも音の過敏さを感じないように工夫します。

■音が出ることを予告する
　音への過敏さに加え、予想できない音が苦手なのかもしれません。そうであれば、「今から、ピアノをひきますよ」と音が鳴ることを知らせます。このように予告することで、Iちゃんは、びっくりすることなく、音を聞くことができるようになります。

■慣れさせよう
　感覚過敏があるかもしれませんが、その過敏さは固定的なものではありません。そこで、まずは、楽しい音楽をかけるなどして、音に徐々に慣れていくようにしましょう。

確かに、このような対応でもいいような。でも、やっぱりなんか違うんじゃないかなぁ……気になるあなたは、次のページを！

事例16　逃げ出すほど音に敏感な子ども

でもね、子どもの側から見てみると

「大丈夫」かどうかは、
Iちゃんが決める

　先生が「大丈夫」と声をかけたとしても、耳をふさいでその場から離れてしまうということはやっぱりIちゃんは「イヤ」なんだと思います。だとすると、先生から自分の思いとは違う言葉をかけられても、Iちゃんが落ち着くことは難しいように思います。Iちゃんだけでなく、人それぞれの感じ方があるのだということを知る必要があります。まず最初に必要なことは、Iちゃんが「イヤ」だと感じていることを大人が分かることだと思います。

Iちゃんが大丈夫と感じることが
できるよりどころ

　騒がしい雰囲気が苦手だとすると、保育中はIちゃんが「イヤ」な場面が多いんだろうなと予想できます。Iちゃんは苦手な場所から逃げることも許されず、そこにいることを求めるのはずいぶん乱暴な話です。Iちゃんだけに変わってもらわないといけないのでしょうか。Iちゃんはここにいるのがイヤな時にどうしていたいのか、Iちゃんに聞けばいいのです。だって、Iちゃん以外に「どうしたら大丈夫か」決められないわけですから。「保育室から出さない」というような対応をしているようでは、子どもとの関係は築けないと思います。

よくありそうな対応の気になるところ

■音に敏感な子どもは、自閉症スペクトラム障害の子どもたちを中心に多く見られます。そこで、少しでも音の刺激をやわらげるために、イヤーマフなど感覚過敏をやわらげる教具が用いられます。イヤーマフを用いることで、音に敏感な子どもたちは楽になることがあります。
　しかし、「なぜその子だけが我慢しないといけないのか」という問題が残ります。1人の子どもが「うるさい」と感じているのであれば、まずは、その子が音が苦手だという思いを引き出し、そして、他の子どもたちと一緒に、どうすればいいかを話し合うことが必要です。

■確かに音だけでなく味覚などの感覚過敏は、多くの子どもが慣れていきます。だからといって、保育者が一方的に「慣れなさい」と訓練すればいいわけではありません。音に慣れていくのは子ども自身です。子どもが、さまざまなことに楽しさを実感するなかで、結果として音に慣れるのです。

事例 16　逃げ出すほど音に敏感な子ども

そこで、視点を変えるとこんな実践も

おおきいおとは
イヤだった！
違いを分かってあげたい

たろう……3歳児。大きな音や騒音が苦手で、そんな時に泣いたり怒ることが多い
たかし……たろう君と遊ぶことが多い
ＢＳＫＦＴ……クラスの子ども

　リズム活動の時間でした。みんなが、楽しそうにやるなか、たろうちゃんは、一人絵本を見ています。
　そんななか、リズムをやっていた子どもたちが楽しくてＢ君が「キャー」と声をあげた時、本を見ていたたろう君が立ち上がってＢ君をドンと押したかと思うと、耳をふさいで外に行ってしまいました。

保育者「どうしたの？」と聞くと、たろう君は、首をひねって耳をふさいでいます。そんな姿を見て、一緒に出てきたたかし君が「大きい声イヤ？」と尋ねています。

保育者「たろうちゃんそうなの？」と聞くと、たろう君は「うん」と首を縦にふっています。

保育者「大きい音がイヤだったんだね。だからお外に来たんだね」と言うと、

たろう「うん」と言っています。そこで、

保育者「わかったよ。じゃあＢ君は、どうだった？」と叩かれたＢに聞くと、

Ｂ　　「イヤだった。なんにもしてないのに」

保育者「そうだよね。お口で言わないと分からないよね」と言うと、たろう君は困った顔になってしまいました。

保育者「どうしたらいいのかなー。今たろう君は、外に出てきたのは、いい考えだったね。他に静かなところあるかなあ？」と話していると、ＫやＳが集まってきて「どうしたの？」と聞いてきたので、事情を話すと一緒に考える子どもたち。そして「先生の部屋がいいよ」とＫが言うと、

たろう「じゃあ、先生の部屋に行ってくる」と言った後、Ｂちゃんに「もうやんないから」と伝えるたろう君。Ｂ君も「もうやんないで」と言っています。

ここがポイントね！

先に、Ｂ君じゃなくて、たろうくんなんだ！　Ｂ君泣いたりしてないから？　様子で判断するのかなぁ？

自分じゃうまく表現できないことを、周りの子と一緒に、気持ちを整理して確認するわけか。

「押しちゃダメ」じゃなくて、「お口で言う」か。表現方法を中心にするんだね。これで、たろうが困った顔になるっていうのが大事だと思う。「困った」ってことは、気持ちに落ちてるんだもん。

たろう君の気持ちにそって考えて評価してる。でも、外は最適ではないっていうのも入ってる。スゴイな。それで結局、みんなの意見を聞いてたろう君が決めてる。我慢する＜出てもＯＫ＜自分で決める＜みんなと自分で決める（合意する）の順なのかな。

74

事例16　逃げ出すほど音に敏感な子ども

　　そこにTとFが来て「どうしたたろう君」と聞いてきたので、
保育者「たろうちゃんね、ピアノの音とかみんなの声が大きいからイヤで、今は先生の部屋に行ったんだよ」と言うと、「フーン」と納得顔になり、お部屋に戻っていきました。
　　その後「あれ？　たろうちゃんは？」と聞くお友だちに、TやF、K、Sがたろう君のことを伝える姿がありました。
　　たろうちゃんは、先生の部屋でひとあそびするとお部屋に戻ってきてお友だちと一緒に遊び始めました。

> 他の子が気にする姿もうれしい。たろう君が悪い子になってないのがよくわかる。たろう君はみんなの仲間。特別扱いじゃなくて、たろう君が大切にされるのを見ていれば、自分も大切にされるだろうって、子どもたちは感じとれるんだろうな。

指導のポイント

〜気持ちを言葉にする〜
　子どもが大きな音がイヤで叩いたり、かんだりする時には、くり返し「イヤだったんだね」と子どもの心を言葉にしたあと「お口で言おうね」と伝え、気持ちを言葉で表せるように話します。

〜子ども自身が解決方法をつくる働きかけを〜
　そしてそんな時、自分がどうしたらいいかを考えさせていきます。保育者が「○○に行ってきなさい」とするのではなく、本人が納得することが、大切です。

〜仲間が違いを理解するチャンスに〜
　あわせて周りには「たろうちゃんは、大きい声は嫌い」「ゾウさんみたいな声より、ウサギさんやアリさんくらいの声が好きなんだって」と伝え、仲間が個を理解し一緒に楽しく過ごす知恵を相互に育てていきます。

環境設定

〜違っていることを否定しないあそび場を〜
　大きな音がしたら園のなかのどこなら安心できるかを考え、確保します。たろう君の行く先生の部屋には、絵を描く用具、積み木、ままごと、絵本などを用意し「もう１つのあそび場」をつくっておきます。

事例 17

水が苦手でプールや水あそびを怖がる

Y君（3歳・年少クラス）は、水に触ったり濡れたりするのが苦手です。普段の水あそびでも水を触ろうとしません。もちろん、プールにも入ろうとしません。少しだけでもと誘いかけると、大声を出して拒否します。

どうしてだろう？　　◆感覚過敏のため濡れることがイヤなのかな？

よくありそうな対応

■**無理に誘いかけず、徐々に慣れるように**

「気になる子」や、発達障害の子どものなかには、感覚の過敏さを持つことがあります。私たちが思っている以上に、水に濡れるのがイヤなのです。だから、他の子どもと同じように誘いかけるのは禁物です。手だけを濡らすようにするなどの工夫をして、徐々に水に慣れることを大事にします。

■**ご褒美を用意する**

徐々に水に慣れることも大事ですが、すぐにはプールに入ることは難しいでしょう。その場合、ご褒美を準備します。「プールのあとは、好きなおもちゃで遊ぼう」と言うことで、プールに入る気持ちを少しでも高めましょう。

確かに、このような対応でもいいような。でも、やっぱりなんか違うんじゃないかなぁ……気になるあなたは、次のページを！

でもね、子どもの側から見てみると

「怖いもんは怖い！」

　怖いものは怖いのです。イヤなものはイヤなのです。これは理屈ではなく、感覚だから、しょうがない。

　感覚は個々に違います。嫌いな食べ物が、ちょっと料理に入っているだけでも気付く。虫が嫌いだと、ほんの小さな虫の存在にも他の人よりも早く気付く。そんなものなのです。だから、多くの子どもたちが好きな水あそびだとしても、嫌いな子だっているのです。

　年少さんだったら、まずは「大嫌い」が「ちょっと嫌い」にとか、「そんなにイヤなものじゃないかも」って思えるくらいを目標に。

イヤなものを乗り越えるには

　保育現場でも、"感覚過敏に対して配慮を"という原則はずいぶん浸透してきていますが、最終的には感覚過敏を乗り越えてほしいという願いは消えませんよね。

　その先生たちの願いは大事なことです。しかし、問題は方法です。

　「発達には憧れが必要だ」と言われますが、苦手なこと、イヤなことを乗り越えるにも、やっぱり「やってみたいなぁ」「ああなりたいなぁ」と思えるような憧れが必要なのです。それは、勧められた、説得されたということとは違います。自分が「やりたい」と思えるかどうかなのです。

　子どもたちにとっての憧れは、やっぱり子どもたちです。お友だちがどんなふうに水で遊んでいるのか、笑顔で楽しそうに遊んでいる様子を見ることはできているでしょうか？

　そして、お友だちの様子を見て「やりたい」と思うためには、みんなと一緒がいいと思える関係になってないと成立しないですよね。少なくとも、好きなお友だちがいなくては。

よくありそうな対応の気になるところ

■子どもに無理をさせないで、水に徐々に慣れさせることは必要です。しかし「慣れさせる」対応をする前に、２つ押さえておきたいことがあります。１つは、水を怖がる子どもの気持ちをどこまで理解しているかということ。もう１つは、子ども自身が水に慣れていくプロセスを大事にしているかということ。この２つの視点がない「徐々に慣れさせる対応」は、子どもにとっては、水に触れさせられたという強制感につながります。

■ご褒美を用意することのすべてを否定しません。しかし、このような取り組みをすることで、Y君はプールあそびをこれから好きになるようには思いません。プールそのものの魅力を保育者は伝えることができていないからです。

事例 17

水が苦手でプールや水あそびを怖がる

そこで、視点を変えるとこんな実践も

プールのまえはダンゴムシおどり
好きなあそびで安心

りょう……3歳児。お水が苦手でお水に近づく姿は、あまりない
ＡＢＣＤＥ……クラスの子ども

　この日も暑い日ざしに朝早くから水あそびが始まりました。Aちゃんたち5～6人は、ホースのトンネルくぐりで、わざと水にかかって喜んでいます。Bちゃんは、ビニールプールで魚釣りごっこ。Dちゃんは、プリンカップを蛇口に置き溢れさせてはじけるのを喜んでいます。Eちゃんは、ジョロで花に水をあげながら時々頭に水をかけています。

　そのうち、Bちゃんは、Aちゃんが洗たくごっこをし始めると一緒に仲間入りです。

　そんななか、りょう君は、園庭でダンゴムシ探し。捕まえると「いたーいたー」とプールの傍にいる保育者に見せてくれます。そこで、

保育者「どこにいるのかな？」と言うと、
りょう「しってる。しってる。こっち。こっち」と案内してくれました。
りょう「あっ。いない。いない」
保育者「いるかなー」
りょう「いた。いた。いたよー」
保育者「本当。いた。いたねー」の声に、プールから出てきた何人かの子どもたちが集まってきました。
りょう「あっ！　まるくなった」
　A　「うごかないねー」
　B　「おふとんさがす？」と葉っぱを拾っています。
りょう「なにたべるのかなあ」
　C　「あっ、たまごだ！」の声に「えっ？　どれ？　みせて？　みたい！」
　A　「おかあさんダンゴムシ！」
　と……この日は、りょう君の周りには、一緒にダンゴムシ探しをするお友だちがいました。

> ここがポイントね！

って、プールやりながら、ダンゴムシあそびもしちゃうのか？　全体のプールの時間は？　着替えは？「プールの時間」っていう枠で考えちゃうと、想像できないかも。しかも、この事例、りょう君をプールに一切誘ってないし……。

そして生活の場面でも、ダンゴムシ探しをする友だちとグループを一緒にして、りょう君のあそびと生活仲間が一緒になるようにするなかで、りょう君は気に入ったお友だち（ＢＣ）をつくるようになっていきました。
　そして、プールの前には、ダンゴムシ踊り（体操の代わりに）をするなどして２ヵ月余り。今では、蛇口あそび、洗たくごっこ、プールでの魚釣り等する姿が見られるようになりました。

> プールがイヤなのと、何の関係が……、と思われそう。イヤなところに直接アプローチするのではなくて、人間関係のほうにアプローチしている。面白いよなぁ。
> でも、何か変わる時って、発達する時って、そんなもんなんだよね。やってみようかなって思える気持ちがなかったら、やらないよね。

> ２ヵ月って、プールの時期終わっちゃうじゃん！って思うだろうけど、このくらいのスパンで考えてもらえると、ほんとにありがたい。苦手なものは、そんなに急には変わりませんから。

> ダンゴムシ踊りか…。好きな遊びをさりげなく、プールに近づける。「ダンゴムシのカードを拾おう」とか「プールに浮かんでダンゴムシ」なんて、大人の意図丸出しで、急にはやらないのが、またうまいんだろうな。

指導のポイント

～その子の気に入ったあそびを十分に～

　その子の好きなあそびは何だろうと考え、その子のあそびに共感して一緒に遊ぶことを大事にします。苦手な気持ちを変えていくには、今やっているあそびを十分に行うことです。
　そして、そのあそびに共感する仲間をつなげることです。そのあそび仲間の関係を生活の場面でもつくり、豊かな安心できる関係にします。安心して友だちがいることで、子どもは、違ったあそびや苦手なあそびにも目を向けることができます。

～ゆっくり・じっくり～

　「○○ができるように」と直接指導をしても、苦手なあそびや、興味・関心のないあそびに子どもは関心を持てません。
　その場所・そこにいる大人や子どもに「安心感」を育てることで、新しいあそびへの挑戦が生まれます。その子によってその時間は決められるもので、ゆっくり・じっくり取り組むことが求められます。

環境設定

～違ったあそびが見える～

　「水で楽しそうに遊ぶ」子どもたちの姿を、子どもの視界に保障することが大事です。見るだけでなく、声・雰囲気、時には、匂いなども子どもの心を動かす環境です。それは、抵抗感を憧れに変える環境となります。

事例 ⑱

偏食が強くて、限られたものしか、食べない

D君（4歳・年少クラス・幼稚園）は、食べ物の好き嫌いがあります。ふりかけのかかった白ご飯とウインナー、少しこげた卵焼きしか食べません。お母さんも困りながら、毎日、この3つだけのお弁当を持たせています。

どうしてだろう？
◆味覚が過敏だからかな？
◆お母さんがちょっと甘やかせているのかな？

よくありそうな対応

■保護者と連携し、食べられるものを増やす

味覚過敏もありますが、お母さんが子どもの要求に負けてしまっているのかもしれません。お母さんに「1つだけ新しいおかずを入れてください」とお願いします。お弁当の時間に、保育者が「新しいおかずも、一口だけ食べようね」と少しずつ食べられるものを増やしていきます。

■無理はさせないように

味覚過敏が強いために、偏食が出ているのかもしれません。無理に食べられるものを増やすと、子どもがしんどくなってしまうかもしれません。いくつかのおかずは食べているのですから、あまり気にしすぎる必要はありません。

■シールを用意しよう

食べる幅や量を増やすために、ご褒美を用意しましょう。たとえば、多くの子どもが好きなシールを用意しましょう。シールは視覚的にわかりやすいので、発達障害のある子どもにとっても有効です。「野菜を食べたら電車シール」「白ご飯を食べたら怪獣シール」「全部食べたら王冠シール」というように、目標を細かくするとなおよいでしょう。

確かに、このような対応でもいいような。でも、やっぱりなんか違うんじゃないかなぁ……気になるあなたは、次のページを！

でもね、子どもの側から見てみると

年少だということを意識して

　幼稚園の年少。
　きっとD君は、ついこの間まで家庭で過ごしていたと思います。入園して初めて何十人の中の一人になったわけです。そのなかで机を並べて「お友だちとお弁当を食べよう」というのは、大人の目線では、「楽しそう」ですが、D君にとってみればなかなか大変なことだと思います。お母さんの作ったできたての温かいものを食べていたり、いつもお母さんと2人の食卓でこぼしたりしないように手伝ってもらうことも多かったかもしれません。
　そのようななかで「お母さんのつくったもの」として「卵焼き」「ウインナー」がD君は安心できるのかもしれません。家庭とのつながりを感じているのかもしれません。
　だとすれば、「食べ物の好き嫌いがある」という見方だけでは、D君を理解することが難しいと思います。D君は登園時からどんなふうに過ごしているのでしょう？　たとえば、笑顔があるのか、友だちとかかわっている姿があるのか、困った時に先生のところにこれるのかとか。そのような様子からD君にとってこのクラスが安心でき、担任の先生が信頼できる人となっているのかを、つかむ必要があると思います。それに「あー、おなかがすいた」と感じることができるほど、思いっきり遊んでいるのかも気になるところです。
　まずは、D君が幼稚園で安心して過ごせるようになることが何よりも優先されるのではないでしょうか。

よくありそうな対応の気になるところ

■無理させない対応は、子どもに寄り添った立場のように思えます。泣いてでも食べさせる食事指導より、はるかによいでしょう。しかし無理させない対応は子どもを放置しているともとれます。「食べたくない」という子どもの思いを受け止めつつも、生活リズムを整えたり、食事内容を工夫したり、友だち関係を育てるなかで「私も、食べてみようかな」という思いを育てることが重要です。

■ご褒美すべてを否定しません。しかし、そのご褒美が、子どもをコントロールするための手段だけになっている場合、見過ごせない問題があります。子どもをコントロールするためだけのご褒美では、子ども自身が「おなかがすいた」という自分の体への気づきや、「自分でいろんなものを食べた」という自信はつかないように思います。何より、このようなシール保育では、保育の質が高まらず、むしろ保育を貧しくしていくところに大きな問題があります。

事例 18

偏食が強くて、限られたものしか食べない

そこで、視点を変えるとこんな実践も

きらいなんだ！
おかず！でも……
友だちを見て、「食べてみようかな？」

てつや……おかずがきらいでいつも白いご飯を食べる
せいじ……てつや君が気に入っていて一緒に遊ぶ姿が多い

　3歳児のてつや君は、入園した時から給食の時間、白いご飯は好きで意欲的に食べるのですが、いも類・生野菜以外のおかずを見ると「こんなのは、たべません。イヤッ!!」とはっきり言って、手付かずの状態でした。

　そこで「おなかすいた」と感じる生活のリズムを家庭と連携しながらつくり、
①「なめるだけ」「1口だけ」とちょっとずつ新しい味覚に慣れることを大事にする。
②子どもの意思を大事にしながら、子どもの関係やあそびのなかで育つ食への意欲を大事にする。
そんな保育をつくっていきました。

　4、5月のてつや君の大好きな遊びは、砂や水あそびでした。そこでは、クラスのせいじ君と遊ぶ姿がよく見られ、せいじ君に関心を持っていると感じたのでお昼のグループを変え、てつや君の隣にせいじ君が座るようにして、お昼の時も楽しくかかわれるようにしました。

　この日も、散歩から帰ってきて子どもたちが着替える合間に、摘んできた花をテーブルに飾り、給食が始まりました。
　てつや君は、白いご飯を食べ、興味があるおかずは手で持ち、少しずつ食べているのですが、すぐに立ち歩いてしまいます。「てつや君もうおしまいにするの？」と聞くと戻ってきた時でした。突然せいじ君が、
せいじ「てつやちゃん、これおいしいよ、ほんとせいじみーんなたべちゃったー」と給食のオムレツのことを話し始めました。すると、

> ここがポイントね！

> そうそう。"偏食"に悩んでいると、「おなかすいているのか」っていう、基本のところを忘れられがち。"眠らない"時に「疲れているのか」っていうのも忘れられがちなんだよなぁ。

> グループを決めると、何でもそのグループでってなりがちで、変える発想をなかなか持ちづらい。こうやって、場面によってグループを変えるっていうのも、試してもいいことだよね。

> 同じことでもさ、好きな子に言われると「そう？」って思えるよね。好きな子と一緒だと、何倍も嬉しいよねぇ。人の面白いとこだよねぇ。

82

事例18　偏食が強くて、限られたものしか食べない

> てつや「えー？？　おいしいの？」と言いながら自分でお箸を持ち、オムレツを持ったり置いたり3〜4回繰り返すてつや君。そのうち、オムレツを手で持ち1口食べたてつや君。そして、
> てつや「せいじ君、ほんとうだね、おいしいね」ともう1口食べるてつや君。食べた後のてつや君のニッコリ微笑むお顔を見て、
> 保育者「食べれたね、せいじ君と一緒だね、味はどう？」と聞くと、
> てつや「おいしいよー。せいじ君もたべてごらん」
> 　おかわりをしたせいじ君とてつや君2人は、顔を見合わせながら食べています。
> 保育者「一緒に食べておいしいね、卵の味おいしいね、先生も食べてみるよ」の声に、てつや君やせいじ君と一緒にオムレツを食べる子どもたちでした。
>
> 　大好きなせいじ君の言葉に心を動かし、何回もオムレツを持ったり置いたりしながらも、オムレツをお口に入れたてつや君。それを「一緒ね」と喜ぶせいじ君や子どもたちの心が素敵でした。
> 　その後、てつや君は、えびフライ・コロッケ・なると等も食べるようになっています。

指導のポイント

〜個人差を配慮して〜
　食は、個人差が大きく、お昼だけで偏食を考えるのではなく、家庭、時には医師の意見も聞きながら、保育を進めることが必要です。

〜仲間のなかで〜
　仲間の関係が深まり「お休みしたくないから」「かけっこ早くなりたいから」という憧れのなかで、嫌いなものを食べようとする心の育ちを大事にしながら、嫌いな食べ物でも挑戦することを応援します。

〜保育者の熱い心（？）〜
　ただし、食は生きることを豊かにすること、「食べさせたい」「何でも食べられる子に」と保育者の強い思いで接することが、子どもに苦しみを生むことを保育者は知ることが大事ですね。

環境設定

〜ホッとする楽しい場面を〜
　テーブルクロスをしたり、お花を飾ったり、楽しい食事環境をつくるとともに、好きなお友だちがいたり、食に意欲的な子どもがいたりと、グループづくりを工夫するのもいいですね。

事例 ⑲

ご飯が配膳されると すぐに食べてしまう

H君（5歳・年長クラス）。ご飯が出てくると、待てずにすぐに食べてしまいます。保育者が「まだだよ」と言うと、「うん」と、少しは待てますが、結局すぐに食べてしまい、保育者から注意されることの繰り返しです。

どうしてだろう？
◆「待つ」という状況が理解できていない？
◆我慢する力が弱いのかな？

よくありそうな対応

■給食の時間の流れを知らせる

「今は待つ時間」というのが理解できていないのかもしれません。絵本を読んで、手を洗って、椅子を持ってきて、「いただきます」をして、ご飯を食べて、「ごちそうさま」をする……といった一連の流れを、写真やカードなどで視覚的に分かりやすく知らせましょう。こうすることで、今何をすべきかが子どもに伝わります。

■「待つ」サインを決めましょう

どのように「待つ」のかが、H君にとっては分からないのかもしれません。その場合は、「手はおひざ」と繰り返し伝えたり、「待つ」時のお歌を決めるなどして、待つようにするとよいでしょう。

■H君への配膳を最後にしよう

H君は、食事場面に限らず、「待つ」ことが難しいのかもしれません。その場合は、H君への配膳を最後にするように工夫しましょう。そして、その後、すぐに「いただきます」をしましょう。

確かに、このような対応でもいいような。でも、やっぱりなんか違うんじゃないかなぁ……気になるあなたは、次のページを！

でもね、子どもの側から見てみると

注意されなくてもできるように注意する？

　毎日、注意されても「待てない」H君。H君にとって給食の時間は大変苦しいように思います。もしかしたら、給食の時間だけではないのかもしれません。だとすれば、いろいろな場面でH君は毎日怒られることで、「自分は待てないんだ」と思い知らされていることになります。H君がどんな思いで給食の時間を迎えているのかを考えると、苦しい気持ちになります。先生方は、そんなH君が何も注意されなくても「待つことができるように」という願いから毎日注意しているのだと思います。

1人で待っているわけじゃない

　では、他の子どもたちは何をしているのでしょうか。年長さんであれば、すごくおなかがすいていたとしても、頑張って待っているということもなさそうです。
　どうして、毎日注意されなくても待っていられるのでしょうか。子どもたちは隣や向かいにいる子どもとお話ししながら過ごしたり、給食食べたらさっきまでのあそびの続きをするんだと考えていたり、約束をしたり、というような様子が見られそうです。そんなことをしながら「いただきます」をする時まで待っていると思います。
　他の子どもたちも、給食を目の前にして、自分1人だけで「おなかがすいた」「食べたい気持ち」と戦っているわけでもなさそうです。H君もそんな子どもたちのなかでお友だちとお話ししたりしながら過ごす姿があれば、結果的に「待つ」ことにつながるように思います。

よくありそうな対応の気になるところ

■H君は衝動性が強いという特性があります。年長ですので、頭では「食べてはいけない」と分かっていても、目の前のご飯を見ると、つい食べたくなるのでしょう。ですから、保育者がルールを決めたり、「待つ」サインを決めても、また、すぐに食べてしまう恐れがあります。結果、さらにH君は注意されることになって、悪循環につながる可能性があります。

■H君への配膳を最後にする配慮は、問題とされる行動を無くすうえで意味のある対応です。こうすることで、H君は必要以上に怒られることがなくなるからです。一方で、このような配慮は、H君自身が自分の内面（自分で我慢する力）を豊かにしているわけではありません。あくまで対症療法にすぎないことを認識しておく必要があります。

事例 19

ご飯が配膳されるとすぐに食べてしまう

そこで、視点を変えるとこんな実践も

グループみんなで
いっしょにたべたい
急ぐ気持ちは、楽しさでゆっくりになる

たいが……5歳児。食事の時すぐに食べてしまったり、友達の分がないのに気付かずにいることが多い
ＢＣＤＥ……クラスの子ども

　たいが君は、給食の時間、待っているのが難しく、すぐ食べ始める姿が見られます（お家も同じ）。園では、たいが君のいるグループを配膳台の傍にして時間が短くなる工夫をし、周りの子どもたちもたいが君がすぐ食べる様子を見て、
　　Ｂ　「まだ、たべないよ」
　　Ｃ　「いただきます、してからだよ」と声をかけ、
たいが「わかった」と返事はする姿も見られますが、何度かつまんでしまう姿が繰り返されています。
　そして、気になるのは、子どもたちのかける言葉が温かくなく、「（何回言っても）いけないことしているから（保育者の代わりに）注意してやっている」ことを感じさせ、きつくなっていることでした。
　そこで、たいが君だけでなく、配膳前の待つ時間を「みんなで一緒に楽しく過ごすには、どうしたらいいか？」の視点に変えて、グループで話し合うことにしました。

保育者「どうしたのかな。お腹すいちゃうのかなあ」
たいが「……」何も言いません。すると、
　　Ｄ　「そう。もうおなかすいた（んだとおもう）」
　　Ｅ　「待ちきれない（んだとおもう）」
　　Ｃ　「Ｃは、いただきますしてから、グループさんみんなでいっしょにたべたいよ」
　　Ｂ　「うん。なかまなんだから」
　たいがは、何も言わないけどみんなの話をしっかり聞いています。
保育者「そうだねえ。仲間なんだもんね。どうしたらいいかな。みんな一緒に食べられるいい考えあるかなあ？」
　　Ｂ　「とうばんが、はやくわけるとか？」

> ここが
> ポイントね！

> たいが君よりも、こっちを気にするんだ。すごいなぁ。

> 保育者が気になって子どもたちに伝えるわけじゃなくて、話し合いになるんだ。しかも、この話し合い、たいが君をどうするかっていう裁判的な感じじゃない。「楽しく過ごす」っていう視点が全然違う。こういう投げかけができるってすごいよな。

86

> E　「それは、いいねー」
> C　「クイズとか、てあそび？」
> 子どもたちもたいがも「いいねえ」。一緒に答えています。
> D　「しりとりもやる？」
> 子ども「いいねえ」
> 保育者「絵本劇場もできるよ」
> E　「とうばんふやす？　おたすけたいする？」
> 子ども「えー？　いや。（当番が）いっぱいになる」
> 保育者「じゃあ。当番になったら早くやり、待っている間は、クイズやしりとりとか手あそびして待っているというので、どうかな」と言うと、子どもたちもたいがも納得しました。
> そして、たいがは時々食べそうになるけど「クイズがおわったら、たべるんだよ」という子どもたちの言葉に「ハッ！」としていました。
> このあそびは、他のグループにも広がり、配膳の待つ時間が楽しいひとときになっています。

> 本人が気付けてる。調整するってこういうことなんだよね。みんなで決めたからこその変化なのかもしれないな。

> "待つ"って、ほんとは次の楽しいことがあって、それを期待している楽しい時間だもんね。待つことと、じーっと静かにしていることって、混同されちゃってる気がするんだよね。場面によってどっちが大事なのか、考えてみたいですね。

指導のポイント

〜24時間でとらえる〜

24時間のリズムのなかで食事の量や食事時間を問い直し、家ではどんな食事風景で（みんなで食べることはないのかも）、どんな工夫をしているのかを聞いて考えます。

〜仲間のなかで楽しい生活をつくる〜

子ども集団（グループ）に相談し、たいが君の気持ちや周りの子どもたちの意見（「先に食べててイヤだった」とか「みんなで食べたいよ」など）を聞いて、本人と子どもたちでルールづくりの話し合いをします。

ただしそれは、「みんなで楽しく食べるにはどうしたらいいか？」がテーマであり、「たいが君が、早く食べないようにするにはどうするか？」ではありません。子どもたちは、いろいろな考えを思いつきます。かえって今まで何となく過ごしていた時間が、もっと楽しい時間になれます。

環境設定

〜条件整備を〜

配膳から工夫をし、グループ人数を考え、当番1人当たりの人数を減らすなど、待ち時間を短縮します。グループの位置を配膳台から近いところにさりげなく持ってくるのも工夫の一つです。

事例 ⑳

周りの子が、特定の子どもを怖がる

Nちゃん（4歳・年中クラス）は、自分の思い通りにならないことがあると、友だちにかみついたり、保育者に「ばかー」と強い言葉を言ったり、大泣きすることがありました。そのため、周りの子どもたちが、「Nちゃんとあそびたくない。こわいねん」「いっしょにたべたくない」「おなじグループはイヤ」と言って、怖がるようになりました。

どうしてだろう？
◆Nちゃんの衝動性が関係を悪化させる原因？
◆周りの子はNちゃんの悪い面しか見えてない？

よくありそうな対応

■「みんな仲良く」という理念を繰り返し伝える
　子どもたちは、その場その場の事情に左右されすぎているのかもしれません（年齢を考えてもそれは無理のないことですが）。そこで、ことあるごとに保育者が「みんな仲良くしよう」と伝えましょう。そのことが、Nちゃんはもちろん、周りの子どもの意識や行動を変えていくことにつながります。

■衝動性をおさえる
　Nちゃんは衝動性が強いために、自分の気持ちをおさえることができず、かみつく、強い言葉を言うなどの直接的な行動に出るのです。そのため、かみつきそうになった時には、注意し、そのうえで、「貸して」って言うんだよ、と繰り返し伝えるようにします。また、平行して、個別に、ソーシャルスキルトレーニングを実施して、衝動性を抑える訓練を行います。

確かに、このような対応でもいいような。でも、やっぱりなんか違うんじゃないかなぁ……気になるあなたは、次のページを！

88

でもね、子どもの側から見てみると

何のための言葉？ 伝えるための言葉

「思いどおりにならなくても怒りません」。そんなことを年中の子どもたちに要求したくありません。

相手とぶつかるなかから、自分を見つめることができるのですから。

言葉は自分の思いを表現するだけではなく、伝わらなくては意味がない。今のNちゃんは表現が激しすぎて、周りに伝わらない状況になっています。怒ってもいい。でもその思いを行動ではなく、伝わる言葉で表現することを要求したい。先生にはその行為から言葉への変換にじっくり付き合ってほしい時期です。

また、Nちゃんがどうしてそういう行動に出ているのか、Nちゃんの代わりに大人が他の子たちにも説明する必要があるのではないでしょうか？

「怖いもんは怖い!」part 2

周りの子どもたちだって、怖いものは怖いのです。そりゃ、かみつかれたりしたらイヤだよね。一緒に遊びたくないよね。自分がどうしてかまれたのか知りたいし、「やらないで」って言いたいでしょう。

そんな怖がっているみんなの話も、先生は受け止められているでしょうか？ そして、それがNちゃんにも伝わっているでしょうか？

どんな子にだって、いいところも、悪いところもあるはずです。目立つ行動だけじゃなく、いろいろな見方、感じ方があっていいはずです。「そんなこと言ってはいけない」というのは、Nちゃんに対しても、周りのお友だちに対しても、その感じ方を否定することになります。

周りの子の言葉も、年中さんになったからこそですよね。

よくありそうな対応の気になるところ

■「みんな仲良く」というのは、子どもも分かっています。保育園・幼稚園や家庭のなかで繰り返し言われているのですから。それでも、周囲の子どもは、怖がってしまわざるをえないのです。その気持ちを理解することがまずは必要です。正論を繰り返すだけでは、解決にはなりません。このまま進めば、「仲良くしなさいって言ってるのになぜできないの」と頭ごなしの保育につながる恐れがあります。

■確かにNちゃんが衝動的なことは事実でしょう。しかし、周囲の子を怖がらせることは、子どもの障害のせいなのでしょうか。そうではなく、保育のあり方を見直すべきです。保育を見直すことなしに、子どもの「気になる」行動を消去するような対応は慎むべきです。

事例 20　周りの子が、特定の子どもを怖がる

そこで、視点を変えるとこんな実践も

こわいな〜
でもいってみよう
本当の気持ちを知ったら友だち

つよし……3歳児。ほしいものがあると急に友だちの持っているのを取ったり、大きな声でおどかしたりすることがある
ＢＣ……クラスの子ども。つよし君を怖がっている

　つよし君は、3歳児です。
　お友だちが使っているおもちゃを見てほしくなると、ダーって飛んで行って黙って奪い取ってしまったり、気に入らないことがあると大きな声を出すので、周りの子には、つよし君は何もしないのに恐がったり、近づくのをイヤがる姿が見られていました。

　この日も、つよし君は、お部屋の隅の積み木コーナーで遊んでいました（この場所にみんなの個人用積み木が置いてある）。そんなつよし君を見てちょっと離れたところでウロウロするB君C君。どうするかナーと見ていると、保育者のところにやってきて、「ちょっときて」と言うのです。そして、手をつないでつよし君の積み木コーナーまで行くと、
B　「Bの積み木もってきて」
C　「Cのももってきて」と言うのです。そこで、
保育者「どうしたの？」と聞くと、BもCも「いいからもってきて!!」と怒ったように言いながら保育者の体を押して、つよし君のそばにある自分の積み木を持ってきてほしかったようです。そこで、
保育者「じゃあ、つよし君にお届けやさんやってもらおうかな？」と言うと、B、Cもちょっとどうかナーという顔になったのですが、保育者が傍にいることもあってイヤがらなかったのでつよし君に、
保育者「つよし君、B君とC君が積み木をほしいんだって。お届けしてくれるかな？」と言うと、
つよし「いいよー」とお返事が返ってきました（ダメなら保育者と一緒に行くつもりでしたが）。
　そして、2人分の積み木を持って届けてくれたつよしに、

> ここがポイントね！

> 困っているのが分かってても見ている。この間って、子どもたちにとって必要だよね。

> B、Cの願いを保育者が直接的にかなえるわけじゃないんだ。やっぱり、つよしもかかわらせたいっていう願いがあるからかな。

事例20　周りの子が、特定の子どもを怖がる

保育者「見て、B君もC君もうれしいってニコニコの顔だよ」
　そして保育者がつよしに「ありがとうね、つよし君」というと、つよし君もうれしそうでした。

> B君もC君も、そしてつよし君自身もいいイメージをお互いにつくり直せる。

> 「いつもこうだと、みんなも怖くないのにね」とかっていう皮肉っぽさがなくてすばらしい。ホントは言いたくもなっちゃうんだろうけど、言わないところがプロなんだろうなぁ。

指導のポイント

〜思いがよりふさわしく伝えられるように〜
　怖い理由は、態度であったり、言葉であったりさまざまです。一つひとつの出来事のなかで保育者が個と周りの子どもとの思いをつなげ、よりふさわしい伝え方を学ぶ機会にすることが大事です。

〜気持ちと行為を分けて考える〜
　子どもが友だちの言動を見て「こわいなー」と思う感情が育ってしまっている時のトラブルは、保育者が仲立ちとなり、ていねいに気持ちを聞き、行為を考えさせ「次にはこうすればいいね」という指導を繰り返し行います。

〜もう一つの姿を伝える〜
　そしてもう一つは、肯定的な感情をあそびや生活のなかで交流できるようにして、「こわいなー」と思う友だちのなかに、違ったお友だちの側面があることを、周りに伝えていきます。

〜子どもの豊かなあそびをつくる〜
　子どもが夢中になって遊ぶ時は、意外とトラブルは少ないものです。園の生活やあそびを見直すことも大事です。

環境設定

〜仲間と仲間をつなぐ〜
　トラブルというマイナス場面も含めて、すべての場面がつよし君を理解し関係をつくっていると考えていくことが大事です。

事例 ㉑

「気になる子」が複数いてまとまらない

16名の4歳児クラス。そのなかに気になる子どもが3、4名います。いつも走り回っている、活動にワンテンポ遅れる、1人でずっと遊んでいる、すぐに他の子を叩く子。秋になっても、クラスがまとまりません。朝のお集まりからして、走り回る子に引きずられて、複数の子が走り出したり……と、始めることもなかなかできません。

どうしてだろう？
◆次の活動の見通しがついていないのかも？
◆障害特性が見えていないのかもしれない？

よくありそうな対応

■個別の加配をつける
　「気になる子」が複数名いる場合、1人の保育者だけで対応することは困難です。早急に、「気になる子」にかかわってもらう個別の加配をつけてもらうことが必要です。その際、保育者間で連携を取りながら、保育をすすめることも重要です。

■それぞれの「気になる子」の特性をとらえる
　クラスがまとまらない一因は、それぞれの「気になる子」の特性をつかんでいないからです。まずは子どもの特性を、チェックリストなどで把握し、そのうえでの対応をていねいに考えるべきです。叱っているだけでは、子どもたちはなかなか変わりません。

■見通しを明確にする
　朝のお集まりが始まっているにもかかわらず、複数の子どもが参加できていないのは、見通しがはっきりしていないからです。いつから、何をするのかを、写真などを用いながら、どの子どもにも分かるような明確な見通しをつけましょう。

確かに、このような対応でもいいような。でも、やっぱりなんか違うんじゃないかなぁ……気になるあなたは、次のページを！

でもね、子どもの側から見てみると

それぞれの特性をつかんで、そのあとは？

　こんな声が聞こえてきそうです。
「個別の対応をしている間、他の子どもたちをほったらかしにできない」
　そこで、加配や補助に入ってくれる先生にお願いすることになりました。担任の先生と3、4名以外の子どもたちは今までのクラスの流れのままでやっていけそうです。でも、加配や補助に入ってくれる先生をそう簡単にお願いできるわけではありませんね。すると、こんな声が聞こえてきそうです。
「ここは、集団だからその子の特性に合わせた対応までできない」
　そうです。ここは、集団生活の場です。子ども同士のかかわりのなかで起こるいわゆる「トラブル」こそが必要な体験になるはず。
　子どもたちがもめることなく、「仲良く」「行儀よく」「きちんと」過ごしているのは、面白くない。いろんな子がいるから面白い。

気にならない子どもたちは何をしているのか

　1人でチャッチャと身支度して、他の子どもたちが身支度を終えるまで待っている子。隣で困ったり、泣いたりしている子がいるのに、われ関せずという雰囲気の子がいます。
　先生の前の席でずっと待っていて、あとから来た子にその前に座られたにもかかわらず、何も言わない子。または、自分がされてイヤだったことを直接言わずに、ぜーんぶ先生に報告しにくる子。
　先生が一人ひとりとつながって「朝の身支度を一人でできるようになる」ということを目標に熱心にかかわっているのはよく分かりますが、その間にこんなことが起こっています。これは、ともに過ごす集団としては不自然な姿・関係になっているように思えます。「おせっかいやき」が現れてもおかしくない年齢の子どもたちが、自分のことだけやって気がすんでいるのだとしたら、その状況をもっと「気にする」必要があると思います。

よくありそうな対応の気になるところ

■気になる子どもが増えていることもあり、このような悩みがよく出されます。クラスがまとまりにくい困り感はよくわかります。しかし、ここに書かれている「個別に加配をつける」「それぞれの気になる子どもの特徴をとらえる」対応だけではクラスはまとまりません。なぜなら、子ども同士のつながりをつくっていく視点が欠けているからです。

■「見通しを明確にする」こともよく言われます。確かに、どの子にも分かるということは重要です。しかし、もっと大事なのは、子どもにとって楽しい見通しになっているかどうかです。見通しの内容をていねいに吟味しなければ、いつの間にか保育者の都合で動かす保育になりかねません。

すわろうよ

事例 ㉑ 「気になる子」が複数いてまとまらない

そこで、視点を変えるとこんな実践も

なわとび・おどり たのしいな
違っていてもみんなでいると楽しいな

さとる……4歳児。虫捕り大好きでいつもやっている
いつき……外遊びが大好きでなかなか部屋に入ってこない
ひでみ……やりたいことがうまくいかないと泣くことが多い
えいじ……言葉より叩いたりするのでトラブルが多い
ＳＨＫＹ……クラスの子ども
ＤＦ……えいじがトラブルと理由はなく一緒になって相手を叩いたりしてトラブルが広がりやすい

　　この日の朝は、着替えが終わったHが「なわとびやろう」とSを誘って縄跳びが始まるとKもYも仲間入りです。『ゆうびんやさん、おとしもの……』とやっていると、いつき君が走って来て縄跳びを横切っていってしまいました。
　H　「やめて！」。保育者も「いやだねー。やめてほしいよ」と伝えたけれど届きません。
　HやSは、その後、気にせず遊びは続き、他の子も仲間に入ってきました。すると今度は、えいじとFが、縄跳びを横切っていきました。KとYは、びっくりしたように黙っています。Sは、「もう！」と怒ってしまいました。
保育者「どうしたのかなー」と聞いていると、えいじが来て、Sを叩き走って行き、また戻ってきてKを叩き、Kは、涙ぐんでしまいました。
　S　「やめてっていってるじゃん。なんにもしないのになんでたたくの？」
保育者「Kちゃん痛そうだよ」。するとさっき叩きたいつきが、
いつき「へへへ、ばかじゃん」。えいじ君は、笑っています。
保育者「お友だちが、泣いている時には、笑えないよ。いつき君は、困っているの？」と聞くとふざけていた顔が落ち着き、
保育者「えいじ君は、いっしょにやりたいのかな」と聞くと、いつきもえいじも静かになってしまいました。すると、
　S　「なかまにいれてっていうんだよ」　H「そうだよ。いうんだよ」
　S　「たたかないで」　Y「たたかないだよ！」の言葉に「わかった」という顔をするいつきとえいじ君。そこ

ここがポイントね！

実際の現場って、こんなもんだよね。「気になる子」が一人だけなんてわけはない。大変な時期がない子なんていないんだから、絶対重なるよね。

なんとなく気持ちがバレちゃうと、落ち着いちゃうのね。

子どもたち自身が、どうしてほしいのかを伝えてる。そうできる状況をつくっているってことか。

事例21 「気になる子」が複数いてまとまらない

で、
保育者「いつき君もえいじ君も仲間に入りたいんだって。もう叩かないって言ってるけどどうする?」と縄跳びをやっていた子どもたちに聞くと、一緒に遊んでいた子どもたちは、「じゃあこんどは、じゃましないで」「そうだよ。イヤなことは、やんないで」「なかまにいれてっていって!」と次々に言う子どもたちでした。
　ずっと話を聞いていたいつきとえいじは、小さい声だけど『なかまにいれて』と言って仲間入りしました。
　しばらくしてKが「おどりたい」と言うのを聞いた子どもたちは「やりたいやりたい」「おどろう」と、1回ずつ跳んで縄跳びはおしまいになり、ピアノに合わせて踊りが始まりました（踊りが好きでよく踊っている）。すると踊りの輪のなかで走り回るいつき、D、えいじ、F君でしたが、気にせず踊りを楽しむ子どもたちでした。

指導のポイント

～違っているけど楽しい共感を～
　違っているけど、どの子も楽しいなという共感と仲間づくりが必要です。目に見える行動（踊る、寝ている、走っているなど）が「一緒」でなくても気持ち（楽しいな）が「一緒」を大事にします。

～どの子にも安心感をつくる～
　どの子も楽しいと感じるには、「イヤなことは、イヤと言う」「友だちがイヤと言うことはやらない」というルールづくりをクラスづくりの基本に置くことです。そうすると、イヤなことをした時、誰かから「やめて!」とか「イヤだよ」という言葉が生まれ、「楽しくない」ことを「楽しく変える」チャンスが子どもの中から生まれてきます。そして、一人ひとりにクラスにいても大丈夫という安心感を育てます。違っているけど仲間だねという姿です。

～豊かな人間観を～
　日常の保育では考えることが少ない「保育とは」「子ども像は」などの論議を会議ですることも必要です。豊かな人間観を保育者集団が共有することが、豊かな保育実践の土台をつくります。

環境設定

～保育者の専門性～
　それぞれの違っていることをつなげる場所や活動を見つけることです。
　保育者が、子どもがそれぞれどんな場所でどんな内容であそびを展開しているかをつかんでいることが求められています。

事例 22

○○ちゃんだけずるい〜

年長クラスに、知的障害と自閉症をあわせもった子ども（Aちゃん・男児）がいます。Aちゃんは、偏食が強いため、給食では、いつも野菜を抜いています。それを見た同じ班のM君が、「Aちゃんだけずるい〜。ぼくもおやさいきらいなのにー」と言い始めました。他の子どもも同調するような雰囲気。保育者はどう言葉をかけるべきか、困ってしまいました。

どうしてだろう？ ◆Aちゃんのお野菜を抜く理由が伝わっていなかったのかな？

よくありそうな対応

■**Aちゃんは「ずるくない」ことを、みんなに伝える**

何も言わずにAちゃんだけ野菜を抜くことに対しては、Mちゃんに限らず、どの子どもも納得できないでしょう。そこで、子どもたちが気付く前に、Aちゃんの給食が野菜を抜きにする理由を説明しましょう。たとえば、「Aちゃんは、身体が悪いので、お野菜が食べられないのです」と説明します。

■**班のメンバーをあらかじめ考慮する**

子どもによっては、Aちゃんが野菜を食べない理由を説明しても納得できないこともあるでしょう。そこで、あらかじめ、寛容な子どもと、Aちゃんが一緒の班になるように工夫しましょう。

班のメンバーをあらかじめ考慮することで、この種のトラブルは少なくなるものと思われます。

■**野菜が嫌いな子どもは、「食べなくてもかまわない」とする**

そもそもどの子も、無理してまですべての給食を食べなくてもいいのではないでしょうか。Aちゃんに限らず、他の子どもも無理して食べなくてよいと指導しましょう。

確かに、このような対応でもいいような。でも、やっぱりなんか違うんじゃないかなぁ……気になるあなたは、次のページを！

でもね、子どもの側から見てみると

「ずるい」と感じることは困ること？

　普段の生活で、保育者たちの態度が「Aちゃんずるい」と思わせているとは考えられないでしょうか。

　Aちゃんはみんなと同じ活動を一緒にやらないこともあるかもしれません。みんながやっていることと違うことをしていることもあるかもしれません。そのような日々の「一緒にやらないこと」や「違うこと」を子どもたちなりに解釈して、「Aちゃんずるい」と言ったのかもしれません。

　保育者は、Aちゃんの「一緒にやらないこと」について理解できていますか？　そして、そのことについてクラスの子どもたちとどのように話をしていますか？　そもそも、子どもたちが「どうして？」と感じたことを率直に話せるようなクラスの雰囲気になっていたのでしょうか？

　子どもたちから出た「ずるい」という言葉から、子どもたちが「なんだか納得していない」ということが分かります。

みんなだってがんばっているの！

　子どもたちそれぞれに我慢をしたり、本当はイヤだけどやっていたりという場面があるのかもしれません。でも、そのことが認められていると感じにくいのではないでしょうか。人知れず頑張っていても、それは「できて当たり前」と集団のなかにうもれてしまっていては、友だちの頑張りに気づきにくいと思います。

よくありそうな対応の気になるところ

■不満を言わないメンバーを選ぶことで、「ずるい」という発言は出ないかもしれません。
　ただ、このような対応で、ずるいと言われた子どもや、ずるいと言った子どもは、内面が育つのでしょうか。重要なのは「ずるい」と言わせない保育ではありません。そうではなく、「ずるい」という発言をきっかけに、子どもたちが、お互いの違いを認めながら、同じようにがんばっている存在だと気づくような保育をつくることです。

事例 22

○○ちゃんだけずるい〜

そこで、視点を変えるとこんな実践も

たべないのかな？
たべられないのかな？
違いを知ったら仲間だね

えりか……5歳児でアレルギーを持っている
あつし……食べられるものが少ない子ども
ＤＥ……クラスの子ども

　えりかちゃんは、強いアレルギーを持っています。
　乳児のクラスでは、必ず保育士がついていましたが、幼児になり、お友だちの食べているものに関心を持ち始めると、お弁当の日など保育者の見えないところで「あげる」などと交換する場面も見られるようになりました。
　そこでみんなが集まった時、
保育者「えりかちゃんはね、卵が食べられないんだよ」とえりかちゃんのことについて、アレルギーの絵本やおうちの人からのお話を、子どもたちに伝えていきました。

　Ｄ君やＥ君は「食べたことがなかった」「お菓子をたくさん食べていた」など、食経験から好き嫌いが多くお野菜が大嫌いです。そんな時は、
保育者「この人参おいしいね。甘いね」「人参食べたらウサギさんみたく速く走れるかなー」なんておいしそうに食べます。そして、
Ｄ　「もう、いらない―」
Ｅ　「たべない」と持ってきたら、
保育者「一口だけ食べようね。どれなら食べれる？」「なめれるかな？」などと子どもの舌に味を経験させています。そして、その後必ず、
保育者「大きくなるねー」「風邪ひかないね」「おなかをお掃除できるね」と伝えます。

　同じクラスのあつし君は、うどんや、ごはん、お肉は、食べますが、生の野菜やくだものは、ほとんど食べません。あつし君は、食べられないのです。子どもたちが（特にＤ

> ここがポイントね！

これって、保育者がおいしそうに食べているんだよね。身近な人、大好きな人がおいしそうに食べてたら、おいしそうに見えるよね。

違いは何？？　どうやって判断してるの？？　ここが難しいとこでしょ。わがままなのか、経験不足なのか、それとも感覚過敏なのか。そこが判断できれば、もうそれだけでいい！

事例22　○○ちゃんだけずるい〜

君やＥ君は）、「ずるい〜」「あつし君ばっかり」と言います。
そんな時は、
保育者「そうかあー。そうだねー。でもあつし君は、食べないんではなくて食べれないんだよ」と伝えます。
そして、
保育者「ＥちゃんやＤちゃんは、なめたりするとうれしいうれしいと舌は言うけど、あつし君の舌は、苦しい苦しいと言うんだよ」などと子どもが分かるように話を伝えていきます。

> 正確な理由なんて、大人に対しても説明できない。だって、食べられないものは食べられないんだもん。子どもには、子どもに分かる言い方で、か。

指導のポイント

〜友だちに関心があるからこそ〜
食事場面に限らず「ずるい〜」という言葉は、その子やその子がとる行動に関心があることですね。そしてそのことに子ども自身が不公平感を感じる時につぶやく言葉です。
「ずるい」という言葉は、一見マイナスのように思いがちですが、人間関係を豊かにする言葉です。

〜子ども心を知る〜
そんな時は、子ども心に共感した後、その原因を整理して「あなたもやりたいのかな」「あなたもほしいのかな」などと子どもの心を知るとともに、その原因が一人ひとり違っていることを確認し、その場面を使って「違っている」ことを理解するチャンスとします。

〜食べられない子どもの心〜
特に食事場面の「食べられない」子どもに、少しでも食べてほしいと願うことは、子どもにとっては、苦痛となり食事そのものへの関心も薄れます。
『食べられない』のか『食べない』のかを見極めることがとても重要です。教師の一生懸命に指導する「好き嫌いのない子」の対応が、子どもには苦痛になることもあると考えることが大切です。

環境設定

〜子どもたちのなかで〜
「ずるい」の言葉は、仲間に関心があるからこそなので、こうしたことは、大人対子どもという１対１の関係ではなく、周りに仲間のいる環境で指導することが大切です。

つぶやき（ここがポイントね！）を終えてみて

馬飼野陽美

保育者は何をしている人なんだ？

けっきょく、保育者何にもしてないじゃん、とか思われそうな場面が多いかもしれないけど、決して放っておいているわけではなく、環境を整えたり、ゆさぶりをかけたり、つなげたりしている。保育者の役割が、黒子的ななかでコロコロ変わってる。そこが高度なんだろうな。根本的に、子ども（たち）の力を信じてるからだろうな。言わなきゃいけない、教えなきゃいけない、やらせなきゃいけないっていうその呪縛から解かれてる（その呪縛さえないのか）。

保育者が監督・演出・主役のドラマではなくて、子どもたちのなかで主役もストーリーも決まってないドラマ。でも、子どもたちだけのドキュメンタリーじゃないんだよね。大まかで、真の太い主題がある。どう転ぶか分からないストーリーをある程度まとめられるように、保育者は裏方を引き受けるって感じなのかな。どうなるかなんて、そこにいる子どもたちと、保育者と、環境によってまったく変わってくるから面白いんだろうな。

「どうした？」と「〜したかった？」の違い

事例を読んでいると、何度も繰り返し「どうした？」「どうしたかった？」っていうのが、出てくる。どうやら、トラブルを起こした子に対して責めている雰囲気じゃない。読み重ねるにつれて、「どうした？」は、全体の子どもたちのほうに投げかけられてることが多いのではないかと思ってきた。

本人には、「遊びたかった？」「困っちゃった？」と予想して、具体的に聞いていることが多い。保育者が意図しているかは別にして、子どもに段階があるってことなんだろう。だいたいの場合、「気になる子」本人は、トラブルを起こす気なんてない。だから、その行動をした時の自分の気持ちが曖昧。その子に「どうしたの？」「なんで？」って聞いても、分からない。だから、「どうした？」は行動の意味を予測できる全体の子どもたちに投げかけられているんじゃなかろうか。

"特別に見えない"特別

「気になる子には個別に対応」だけじゃないってのも、特徴的なんだろう。もちろん、対応している。ただし、特別扱いな感じを受けない。特別なことではなくて、どの子にもしていることなんだろうな、きっと。形は違えど、ていねいさは変わらないって感じかな。

3人寄れば……、みんなが寄れば……

大きくなる（学年が上がる）に連れて、保育者と「気になる子」との関係が変化してくる感じ。

当然、乳児期や入園直後なんかは、保育者→「気になる子」と1対1のかかわりが多いのだけど、そのうち、他の子どもが入ってきて、保育者→他の子ども（たち）→「気になる子」になる。子どもたち同士の問題、直接の気持ちの表現になっていくんだよね。

そして、年長さんくらいになると、保育者→他の子どもたち→子どもたち全体→「気になる子」っていう場面が増える感じなのかな。一部の子どもたちの問題ではなく、自然とみんなの問題ってことになってくる。で、みんなでどうしたらいいかを考え始める。

たとえば、参加してこない子がいても、この頃になればどうして来たくないのかを考えて、子どもたち側も責める姿勢ではなくなってきたり、「気になる子」側も、みんなの仲間なんだからと言われ続けて、「しかたねぇな」みたいな変化も出てくる……なんか、うらやましいくらい「仲間たち」になっていくんだね。

第2部

「気になる子」と言わない保育

実践力アップを支える
子ども観と保育観

❶ 発達の視点から 「気になる子」を理解する

赤木和重

1　「気になる子」だけが気になるのではない

　近年、「気になる子」という用語がすっかり定着しました。私が保育園や幼稚園を訪れた時も、「なんだか気になるんです」「気になる子が多くて……」と、まるで日常用語のように聞かれます。しかし、「気になる」とはよく考えてみれば、曖昧模糊とした言葉です。何が気になるのでしょうか、また、誰がその子を気にするのでしょうか。本章のテーマである「発達」を深く理解するためにも、「気になる」という用語について検討するところから始めましょう。

① 子どもが気になる：子ども自身の「中」にある特徴としての「気になる」

　「気になる子」と言った時、一般的な意味で言われるのは、子ども自身が持っている特徴のことを指します。明確な障害があるようには思えないが、しかし、平均的な子ども像とはどこかずれているという状態です。一般的にはこのような理解がなされます。本書で22の事例を出した子どもたちすべてにあてはまると言えるでしょう。笑顔でつながることはできる

MEMO

のだけれども、でも、いつもつながるわけではない子ども（事例7）や、知的には高いように見えるのに、偏食が著しく強い子ども（事例18）などが、その典型です。性格と考えてもいいだろうし、でも一般に騒がれている発達障害のようにも思われ、しかし、その区分けがはっきりしない（「グレーゾーンの子ども」とも言われます）。そのために「気になる」という表現が用いられています。

　実際、このような視点から多くの研究が行われています。たとえば、「気になる子」とは、どのような特徴（特性）を持っているのかという視点から調査が行われたり、「気になる子」が実際どの程度、発達障害を有しているのかなどの研究が行われています。これらの研究に共通するのは、「気になる」特徴が、子ども自身の「中」にあると考えているところです。

❷ 保育が気になる：保育が貧しい結果としての「気になる」

　上記の説明で「気になる子」の意味はつかめたかもしれません。しかし、実はこれだけでは十分ではありません。「気になる」という表現を使わざるをえないのは、子どもの「中」だけでなく、子どもの「外」、つまり、保育（者）に原因があることも多いからです。保育者のほうで、子どもの何が気になっているのかが分かれば「気になる」という言葉は必要ありません。子どもが何を困っているのか、何を求めているのかが見えていれば、「友だちとのかかわりで悩んでいる」とか「身振りで自分の気持ちを伝えるところにしんどさをもっている」などと表現できるはずです。このことは、障害のある子どものことを考えればよく分かります。ダウン症のような障害がはっきりしている子どもを「気になる子」とは呼ばないからです。

　保育者が、子ども理解が十分でないために、また、それゆえ保育の道すじが見えないために、「気になる」という言葉を使っているとも言えます。そういう意味で、「気になる」という用語は子どもだけに押しつけられるべきものではありません。「気になる」という用語を使わざるをえない保育のあり方を見直すべきでしょう。

　なお、ここで言う子ども理解とは、障害の有無が分かることを意味しているわけではありません。障害かどうかを診断・判断するのは、保育者に

求められる仕事ではありません。そうではなく、子ども自身が何に困っているのか、何を願っているのかという点を理解することが保育者に求められる子ども理解です。そして、それは障害の診断がはっきりしなくても、とらえることが可能（正確には「仮説」として）ですし、とらえようとしなければいけません。

③ 集団が気になる：集団が育っていない結果としての「気になる」

「気になる」という用語を考えるうえで、もう1つ欠かせないのが、集団という視点です。気になる子が「気になる子」として浮かび上がってくるには、先述したように、子ども自身の特徴、保育者による子ども理解の問題があります。それに加えて、集団の育ちが弱いために「気になる子」が目立ってくることがあります。

事例22をもとに考えてみましょう。ここで問題になったのは、「○○ちゃんだけ、ずるい～」という一言でした。この発言の原因は、○○ちゃんに

子ども理解のカギ❶
「気になる姿」をその子の問題ばかりにしない

対してだけ、特別な配慮をしたことにあるように見えます。しかし、このような発言が引き出されてしまう集団が「気になる」という見方もできます。それに、保育のあり方を考えた場合、後者の見方のほうが、保育の可能性が広がります。「○○ちゃんだけ、ずるい～」と言った子どもは、普段の保育のなかで、保育者から関心を持たれていないことを不満に思っていたのかもしれません。そのために、○○ちゃんを過度に意識したのかもしれません。また、このような不満は、口にした子どもだけではないでしょう。このように考えれば、○○ちゃんへの個別対応だけでなく、集団づくりのあり方を見直すことが必要になってきます。

2 保育を改善するには？
あなたの保育観・子ども観が問われている

① 保育技術や発達・障害の知識だけを獲得しても、保育はよくならない

　「気になる子」と言っても、実はさまざまなレベルの「気になる」が存在することを見てきました。では、このような「気になる」状況を改善し、保育をすすめていくには、どうすればいいのでしょうか。

　まず確認しておきたいのは、声かけなどの保育技術だけを磨いても保育はよくならないことです。それに、多くの本を読んだり、研修会などに足しげく通って、発達や障害の知識を身につけても、それだけでは保育は改善しません。

　このように断言するには理由があります。保育を変えるには、技術や知識以上に、子ども観・保育観を変える必要があるからです。特に、「気になる」を「子ども」の問題としてだけとらえる子ども観・保育観を持っている場合、その価値観を180度変える必要があります。

　「子ども」だけが気になると思っている子ども観・保育観を有している場合、いくら技術や知識を身につけても、保育の質が高まることはありません。気になることの原因がその子どもだけにあると見なしていれば、対

応は、第1部にある「よくありそうな対応」のような保育になります。

　このような対応に共通するのは、子どもの気になる行動を減らすべきものとしてとらえている点です。このような対応をすすめれば、確かに問題行動が減るかもしれません。事例1のよくしゃべる子どもで見たように、「○○はしてはいけません」とルールを明確にし、徹底すれば子どもはしゃべらなくなるかもしれません。しかし、その時の子どもの気持ちはどうでしょうか。子どものしゃべりたいという思いを受けとめなくてもよいのでしょうか。このような対応で、子どもは、園生活を楽しむことができるのでしょうか。

　繰り返しになりますが、「気になる子」が「気になる」として浮かび上がってくる場合、それはその子どもだけの問題ではありません。むしろ、保育（観）の貧しさや、集団づくりのまずさゆえに、「気になる子」として浮かび上がっていることが結構あるのです。

　そのため、まずは自分の子ども観・保育観を見つめ直すことから始めていきましょう。

② 鍵は、保育者視点ではなく、子ども視点から出発すること

　子ども観・保育観をどのように見直すことができるのでしょうか。その鍵は、保育者視点から子ども視点への転換にあると考えています。「どうすればいいか」と保育者の視点や都合から考えるのではなく、「なぜそうするのか」という子どもの立場から出発することです。

　保育者が困っているのは、よく分かります。「どうしたら保育がうまくいくのだろう」という悩みから出発しがちなのもよく分かります。しかし、そこから出発すると、前述したように、子どもの気になる行動を減らすという視点で保育は展開しがちになります。そうではなく、まずは、子どもがそのような行動をとらざるをえない理由を知るところから出発しましょう。

　このような発想の転換は、簡単なようでなかなか難しいものです。保育者視点でずっと保育をされてきた方ほど、ここで述べたことを、文章としては読めたとしても、その内容は頭に入ってこないでしょう。そういう時

MEMO

子ども理解のカギ❷
子どもの視点に立った保育観・子ども観

は、ぜひ第1部の「よくありそうな対応」と「でもね、子どもの側から見てみると」を、何度も見比べてください。私たちは、保育者視点から子ども視点への転換を対比させる形で書いています。

3 「気になる子」の視点に立つということ
第1部に立ち戻りながら

　子どもの視点に立つということについて、第1部に即してもう少し説明しましょう。「気になる子」の場合、その気になる特徴ゆえに、つい行動面に注目が行きがちです。友だちを叩く、部屋から出ていく、じっとできない……などの姿が目立ちます。そのため、これらの行動をどのようにしてなくすかというところに関心が置かれてきました。第1部の「よくありそうな対応」に記載されていた対応がまさしくそうです。子どもの気になる行動を減らしたりすることが目的になっている本は多くあります。

　しかし、その行動を減らす以前に、それらの行動をとる子どもなりの思いが必ずあるはずです。彼らがどのように世界をとらえ、感じているかを想像すること抜きに、保育を始めることはできないはずです。「気になる子」

の「子ども視点」に立つということについて、第1部の事例に戻りながら具体的に説明していきます。

① よくしゃべる子ども

　事例1では、ある1人の子ども（A君）が先生の話を聞けずに、自分のことをずっと話してしまう様子が示されていました。A君は、先生の「おさんぽ、どこに行こうか……」という発言を聞き、「おさんぽ？　そうそう、きのう、お母さんとおさんぽに行ったなぁ、そうそう、お買いものも行って、おもちゃも買ってもらって、それで……」といろんな連想が膨らんだのでしょう。そして、その連想が心のなかにおさまらず、そのまま話し言葉になって出ていっている、そういう状態でしょう。先生が「Aちゃん！
静かに！」と注意すれば、その瞬間は静かになるかもしれません。しかし、その数十秒後（場合によっては数秒後）、また話し始めるでしょう。
　ある新人保育者たちを対象に研修を行ったことがありました。その場で、私は、上記のような私の解釈を含めてこの事例1を取り上げました。そして「あなただったら、この場面でどのように保育しますか」と尋ねてみました。知識も経験もない新人保育者の方には、少し酷でしたが、みなさん、熱心に考えてくれました。
　3人の新人保育者にどのような保育を考えたのか尋ねたところ、次のような意見が返ってきました。1人は「Aちゃん、今は何する時？　静かにしなさい！」とびしっと注意するとのこと。もう1人は「Aちゃんにしゃべらせないように、私が間髪入れずにしゃべる」という意見。先生が多弁になるという荒業です。最後の1人は、「余裕のある時は話を聞くけど、余裕のない時は無視する」とのこと。なんとも素直な意見です。
　3人の新人保育者の意見の内容はかなり違います。でも、よくない意味で、共通している点も感じました。「う〜〜ん」、どのようにコメントしようかと悩んでいたところ、一緒に研修を担当していたベテラン保育者が、強い口調で、新人保育者たちに話をされました（この時、背中から炎が出ていました〈笑〉）。「3人とも、すべてあんたらの都合やんか。子どものことはどこにいったの？」と発言されました。

MEMO

MEMO

　その通りです。3人の新人保育者の意見は、すべて子どもをどう静かにさせるか（もしくは放置しておくか）という意見でした。繰り返し注意されてもどうしてもしゃべってしまう子どもの思いを含みこんだ対応ではなかったのです。
　ベテラン保育者の発言を聞いて、新人保育者はみな「ハッ」と目が覚めたようでした。新人保育者は、「気になる子」と出会うと、余裕がないこともあって、「どうしたら私の話を聞かせることができるか」という視点で物事を考えてしまうのでしょう。厳しく言えば、大人の都合です。子どもがなぜ話したいのか、そして、そこから子どもの思いをどう受け止めて保育をするのか、という子どもの視点が抜け落ちています。「子ども視点に立つ」ということは、簡単なようでいて、なかなか難しいものです。でも、それでも、子ども視点に立つということは重要です。なぜなら子どもの視点に立ってみると、自然と保育のあり方も変わってくるからです。

② 切り替えの悪い子ども

　事例3に挙げた「切り替えの悪い」子どもを例にして考えます。自由あそびから設定保育に変わる時や、給食場面に移る時、活動をなかなか切り替えられない子どもがいます。そういう時、私たちは、「見通しを明確にして何をするかをはっきりさせよう」と考えがちです。特に自閉症スペクトラム障害の子どもの場合、抽象的な理解が難しいために、「具体的に分かりやすく見通しを示しましょう」と助言がなされることがよくあります。このような支援には一理あります。しかし、このような支援は、保育者が子どもをどうコントロールするかという流れになりがちです。特に、活動の切り替えの時に、子どもはどう思っているのか？　を抜きにして話が進んでいる場合、保育者の視点（というか保育者の勝手な都合）のみで、保育がすすみます。
　ここで、視点をぐっと変えてください。子どもがこの時どう思っているかを想像してみましょう。21ページにあるように、子どもは、「あー、楽しかったなぁ」と満足しきれていないのではないでしょうか。子どもは、十分に遊んで満足できた場合、案外、すっと切り替えられるものです。今

の活動を遊びきっていないために、次の活動に入っていけない可能性があります（もちろん、満足しているけど次の活動が何か分からないために、切り替えが悪いこともあります）。

　同じ状況でも、視点が違うと子ども理解が大きく変わります。大人視点では「切り替えが悪い」ですが、子ども視点に立てば「今の活動が遊びこめていない」という表現になります。同じ状況でも、まったく風景が変わります。

　風景が変われば、保育内容も自然と変わっていきます。次の活動をイラストや写真などで分かりやすく提示するのではなく、今の活動をいかに充実させるかを考えたり、保育時間の配分を見直したりする保育方針が見えてきます。

　保育をよくするとは、単なる保育技術や障害に関する知識の問題にとどまりません。「大人視点から子ども視点へ」という保育観・子ども観の見直しが、保育の質を向上させる鍵になるのです。

4　子ども視点に立つための5つの発達的理解

　子ども視点に立つと言っても、それを唱えるだけでは、前に進むことができません。「子ども視点に立つ」ことを、発達的な理解に引きつけながら具体化していく必要があります。発達的な理解とは、「○歳になると○○ができる」という単純な「できる・できない」の見方ではありません。このような見方は、発達的理解のごく一部です。発達的理解という場合、私は次の5つを重視しています。

① 発達の各時期に応じた子どもの考え方・感じ方がある

　1つは、発達の各時期に応じた考え方・感じ方を子どもは持っているという理解です。同じ子どもでも、1歳の時には1歳なりの、3歳の時には3歳なりの考えがあります。もちろん、恥ずかしがり屋の子ども、やんちゃ

発達の視点から「気になる子」を理解する

MEMO

な子どもなど、子どもによる個性もあります。しかし、そのような個性のある子どもたちも、発達の各時期に応じて考え方・感じ方が異なります。

私の娘とのエピソードを例に、この点について説明しましょう。散歩から帰ってきた一場面です。娘と仲良く手をつないで帰ってきたところ、自宅マンションの前に、なんとパトカーが止まっていました。

さて、ここでクイズです。手をつないでいる子どもが1歳だったとしましょう。子どもは、目の前のパトカーを見て、どのようなリアクションをとるでしょうか？　また、子どもが4歳だったとしましょう。4歳の子どもは、目の前のパトカーを見て、どのようなリアクションをとるでしょうか。2分ほど時間をとりますので、本を閉じて考えてください。

＊＊＊

1歳の子どもは、おそらく、パトカーを見て指さしをし、そして、大人を見るでしょう。なぜ、このように想像できるのかというと、1歳頃の発達が分かっているからです。生後9、10ヵ月を境に、三項関係というコミュニケーションが見られるようになります。「自分―モノ―他者」を結びつけるコミュニケーションがとれるようになります。そのため、「パトカーを見て指さしをし、そして、大人を見る」と、子どもの行動を想像することができます。もちろん、子どもによって三項関係の中身はそれぞれでしょう。パトカーを見てお母さんを見て、そして怖がってしまう子どもがいるかもしれません。しかし、いずれにせよ、それらの個性は、三項関係という発達の土台のうえで成り立つ個性なのです。

一方、4歳の子どもは、どうでしょう。私の娘は、実際にこのような状況で、次のような言動をとりました。まず、パトカーを見ます。そして、うれしそうな顔をして「パトカー！」と叫びました。しかし、その後、「ワタチ、悪いことしてへん」と突然言い出しました。私は「？？？」です。娘の話をよくよく聞いてみると、次のような推測をしていることが分かりました。

〈パトカーは悪いことした人を捕まえるものである〉→〈そのパトカーが家の前に止まっている〉→〈誰かを捕まえに来た。もしや私では？〉と推理した結果、「ワタチ、悪いことしてへん」となったようです＊。

ここに4歳児ならではの発達的特徴が隠されています。4歳頃から、結

＊ちなみに、その後のやりとりはというと……。私は「なるほどー」と思いつつ、あまりに真剣に怖がる娘を見て、「そうやなぁ、悪いことしてへんで」と援護します。しかし、娘はどうも納得していない様子。しばらくじーっと考えます。
そして、パッと顔が明るくなりました。「？」と思って、娘を見ていると私を見て一言。「おとーさん、悪いことしてるやん！ワタチのお菓子食べたやん！つかまるで！」と笑顔で一言。およよ、膝が崩れそうになりました。

111

果から、その原因を推測する・推理するような姿が見られます。たとえば、車のガラスが濡れているのを見つけて「雨が降ってたんだ」などと推測したり、友だちが泣いているのを見て「誰かとけんかしたんちゃうか」と推理できるようになります。娘の「悪いことしてない」という言動の裏にも、パトカーを見て、そこから推測できるという4歳児ならではの能力があるからこそと分かります。もちろん、我が娘と違って、「警察がどろぼうをやっつけにきたのかもしれない」と考える子どももいるでしょう。ただ、それでも、結果を見て原因を推測する考え方が背景にある点では共通しています。

　このように、パトカーという同じモノを見ていても、年齢によって、感じ方、考え方が異なることが分かります。1歳の子どもは、三項関係を土台にパトカーの存在をとらえます。4歳児は推理するという能力を土台にパトカーがいる理由を探ろうとします。

　発達を学ぶことで、その年齢独自のモノの感じ方や見方があることを知ることができるようになり、そのことが「子ども視点に立つ」ということの意味を実感できるようになるのです。

　これは、なにも定型発達児だけの話ではありません。「気になる子」でも同じです。事例9を見てください。ここでは、1人で遊んでいるG君のことが「気になる」として保育者に認識されています。「1人で遊ぶこと

子ども理解のカギ❸
発達の時期に応じた考え方・感じ方がある

発達の視点から「気になる子」を理解する

MEMO

が多い」と聞くと、発達障害とか、自閉症という言葉がすぐに浮かびます。しかし、私たちが「それって3歳だよね」と書いている（p45）ように、3歳であれば、ひとりあそび（平行あそびとも言います）が、見られることも多いのです。そのような発達の事実をおさえることが必要です。もちろん、発達に加えて、障害特性から来る子どもの内面を理解することも重要です。

なお、本書では、紙面の都合上、「1歳半とは……」「4歳とは……」といったそれぞれの時期の発達的特徴について説明することができません。左に示す発達の本が参考になりますので、そちらをご覧ください。

白石正久『発達の扉』上・下　かもがわ出版
神田英雄『0歳から3歳：保育・子育てと発達研究をむすぶ／乳児編』ちいさいなかま社
神田英雄『3歳から6歳：保育・子育てと発達研究をむすぶ／幼児編』ひとなる書房
松本博雄・常田美穂・川田 学・赤木和重『0123 発達と保育』ミネルヴァ書房

❷ 発達とは自己運動である：子ども自らが変わる。子どもを変えることはできない

2つ目に大事にしたいのは、「発達とは自己運動である」という理解です。発達とは、保育者や保護者が知識やスキルを一方的に、教えこんですすむものではありません。そうではなく、子ども自身が能動的に外界に働きかけて、その外界の変化を伴いつつ、自分をつくりかえていくプロセスです。

発達とは自己運動であるということの意味について、相手に謝ることができない子どもを例に考えてみましょう。友だちのおもちゃをさっと取ってしまい、相手が泣いているにもかかわらず、気にせず遊び続けている子どもがいたとします。この時、どのような指導が行われるでしょうか。よくあるのは、泣いているお友達の前まで連れて行き、「ごめんなさい」と言わせる指導です。もう少し丁寧な指導であれば、「お友達の○○ちゃんのおもちゃなのに、□□君が急にパッとおもちゃをとったから泣いちゃったんだよ」と理由を説明して謝らせるものです。しかし、このような指導で子どもは変わるのでしょうか。確かに、お友達が泣いた時に「ごめんなさい」と言うことはできるでしょう。しかし、そこには、「ごめんなさい」と友だちに謝りたい、謝らなければという思いが育っていないおそれがあります。その結果、事例12のように「形式的にだけ謝って気持ちがこもっていない」という保育者の悩みが出されるようになります。しかし、厳しく言えば、事例12のような育て方をしたのは、保育者です。保育者がこ

113

のような気になる姿をつくる指導をしながら、「子どもが気になって困っているんです」というのは、支離滅裂です。

　一方的に「謝りなさい」と指導で言わせることで、子どもの発達はすすみません。もちろんうまく「注入」すれば、できるようになることはあります。しかし、それは、「ごめんなさい」と形式的に言える能力が育っただけの話にすぎません。……にもかかわらず、このような保育が行われるのは、「教えれば子どもは変わる」という大きな誤解に基づく子ども観・発達観を保育者が持っているからです。

　「発達とは自己運動である」とは、子ども自らが、お友達の気持ちに目を向け、さらに自分の至らなさも自覚し、友だちに「悪かったなぁ」と思えるようになることです。そして、その結果として、「ごめんなさい」という発言が子どものなかから出てくるのです。「子どもを変えることはできない。子ども自らが変わる」という子ども観・発達観です。逆に言えば「子ども自らが変わる」という子ども観・発達観に私たちが確信を持ちきれない時、その隙間に、子どもをコントロールしようとする保育が無意識の内に私たちのなかに入り込んでしまうのでしょう。

＊＊＊

子ども理解のカギ❹
子ども自らが変わる
子どもを変えることはできない

MEMO

　「子どもを変えることはできない。子ども自らが変わる」という見方に立てば、現在の「気になる子」をめぐる表現で、気になることが浮かび上がってきます。たとえば、事例9に挙げたように集団に入っていない子どものこと。このような子がいると、「集団に参加させるには？」という保育者の悩みが出されます。保育者の悩みが切実なのはよく分かります。しかし、「集団に参加させる」という時の主語は誰でしょう。保育者が主語になっていますが、そもそも集団に参加する主体は、子どものはずです。このような表現が出てくる背景には、保育者が「○○すれば集団に入らせることができる」というように、子どもを変えることができる・子どもをコントロールすることができる価値観（という幻想）を持っているように見えます。あくまで集団に入るのは子どもです。「参加させる」なのか「参加する」なのか、主語が誰なのかを今一度、吟味すべきです。

　「参加させる」と「参加する」という表現は、ちょっとした違いのように思えます。しかし、私は決してそうは思いません。「主語」が誰かを意識することは、保育を見直すうえで重要な問題になるからです。

③ 子どもが変わるきっかけは、子どもたちのなかにある

　②のところで、「発達とは自己運動である」「子どもは自ら変わる」と述べました。しかし、このように述べると「保育は見守っていればいい」と誤解されることがあります。「発達は子ども自らが成し遂げていることなので、保育者は何もできない、何もしてはいけない」と。

　しかし、決してそうではありません。むしろ、子どもを放っておけば、より気になる部分が強くなってしまうこともあります。たとえば、ひとりあそびが続く子ども（事例9）に、保育者がかかわらなければ、ひとりあそびはどんどん強くなってしまいます。子どもを放置するのではなく、子ども自らが、友だちの存在に目を向け、友だちと遊ぶ楽しさを見出していくようなきっかけづくりをすることが重要です。

　このような誤解を解くためには、「子どもが自分で変わる」ということをもう少し正確に言う必要がありそうです。「子どもが自分で変わる。ただし、そこにはきっかけがある。それは、子どもたちの集団である」と。

子ども自らが変わるきっかけには、子どもたちの存在があります。そのことを、第1部の事例18をもとにしながら考えましょう。

　事例18では、偏食のある子どもが登場します。偏食の背景には、食経験の貧しさや、味覚の過敏さなどが考えられます。いずれにせよ、コミュニケーションの問題ではなく、子どもの身体そのものに由来する問題であるため、「よくありそうな対応」でも挙げたように、個別対応が優先されます。子どもの感覚や、それまでの食経験の許容範囲内で食事を提供し、そして、徐々にその幅を広げていく……といったことが一般的な対応です。このような方針で基本的によいと思います（いまだに、子どもが泣いても無理に食べさせるといった謎な保育が一部で行われていますが、それは保育という名に値しません）。

　ただ、このような保育に、欠けている点があります。それは、「初めてのものでも食べてみよう」とか「嫌いだけどちょっとだけ食べてみよう」という子ども自身の意欲です。子どもの意欲を引き出すことを考えないまま、「ちょっと食べようね」と保育者が働きかけているだけでは、子ども視点に立ちきれていません。では、どうすればいいのでしょう？　その糸口は、事例18の実践のなかにあります（p82）。実践の始まりは、保育者による「食べようね」の一言ではありません。子どもが、どのお友達に気持ちを寄せているのかを見つめることから始まります。そして、せいじ君に関心があると分かると、給食で同じグループにするのです。てつや君は、大好きなせいじ君の「おいしいよー」に心を動かされ、これまで食べることのなかったオムレツを食べようとします。

　偏食という個人内にあると思える問題ですら、変わっていくきっかけは、子どもたちの関係のなかにあります。好きな友だちがおいしそうに食べていると、「ボクも……」という気持ちがわきおこります。このような子どもの意欲は、保育者が"「ちょっと食べようね」保育"をしている限り、出てくることはないでしょう。

　子どもは子どもたちのなかでこそ発達します。このような子ども観・発達観を自覚した時、保育は自然と変わります。「子どもにどうかかわるか」という直接支援ではなく「子ども同士の関係をどう組織していくか」という間接支援に重きが移るようになります。保育者の専門性は、個を丁寧に

MEMO

> **MEMO**
>
> **子ども理解のカギ❺**
> 子どもが変わるきっかけは、子どもたちのなかにある

見たうえで、その個と個の関係をどうつくっていくのかにあるのではないでしょうか。指導の具体的なポイントは、第1部の実践のなかにたくさん書かれています。もう一度、「子ども同士の関係を支援する」という目で再読してください。

④ 問題行動の裏にある子どもの思いをつかむ：「うめたい」のではなく「うめたいほどこわい」

　気になる子が「気になる」として浮かび上がってくる時の理由で、もっとも多いのは問題行動でしょう。問題行動とは、いろいろな意味がありますが、ここでは、「障害をもつ子ども自身の生活や行動に不自由さをもたらす行動」と定義しておきます（別府 哲「問題行動の理解と対応」松野 豊・茂木俊彦（編）『障害児心理学』全障研出版部）。

　このような定義に基づけば、第1部で挙げた22の事例で示されている行動はすべて問題行動と言えます。先生の話を聞かなかったり、集団の輪から外れたり、相手をつきとばしたり、ひとりあそびが多かったりなど、子どもの生活に不自由さがあるからです。

　このような問題行動は、「問題」という言葉のイメージもあり、「解決す

べきもの」「なくすべきもの」と考えがちです。しかし、子ども視点に立てば、「問題をどうなくすか」と考えるのではなく、その「問題」行動をせざるをえない気持ちを追体験していくことがまずは必要です。

　事例13で考えましょう。子どもが、自分の行動を指示したり制限してくる大人に対して「うめてやる」と酷い言葉を出す行動が頻繁に見られる姿がありました。私は、この事例に似た子どもに出会ったことがあります。仮にシズオ君としておきましょう。シズオ君（のちに自閉症スペクトラム障害の診断を受ける）は、年中の入園当初、ずっと1人で園庭にある小屋のなかで、絵本を読み続けていました。先生が呼びかけると、「うめてやる」「腐ったもの食べさせてやる」と、大人に酷い言葉を出しており、先生も対応に困っていました。そんななか、歯科検診がありました。シズオ君は保健室に行くことに強い抵抗を示しました。そして、誰もいない部屋のなかで、ブロックを積み上げ、バリケードをつくり、そのなかで歯医者さんに、おもちゃの電話機を持って「穴ほってうめてやるぞ！」などと暴言を叫びまくっていました。典型的な問題行動です。私たちは、どのように対応できるのでしょうか。

　……と話がすすみそうですが、ちょっと待ってください。ここで「対応」を考えるのではなく、子ども視点に立って子どもの思いを追体験しましょう。

　突然ですが、質問です。彼は本当に歯医者を「うめたい」のでしょうか。「腐ったものを食べさせたい」のでしょうか。

　そうではなく「うめたいほどこわい」「腐ったものを食べさせたいほどしんどい」のだと思います。彼は初めてのことに不安を示します。それに、異物（銀のスプーンみたいなもの）を口のなかに入れられることへの恐怖もあります。だからこそ、保健室に行くことに強い抵抗を示したのだと思います。自分が崩れ去るような不安と恐怖を感じているからこその「うめたい（ほどこわい）」ではないでしょうか。

　ここまで見えてくれば、対応も変わります。「そんなん言ったらあかんよ」「わざわざ歯医者さん来てくれてるんだから」「虫歯になって困っちゃうよ」といった大人の理屈（というか都合）から出る声かけではなく、子どものつらさに共感する声かけが自然と出てくるのではないでしょうか。

MEMO

118

発達の視点から「気になる子」を理解する

MEMO

　この時、この場に立ち会った保育者は、シズオ君の電話機を奪って、シズオ君以上に暴言を吐いたそうです。歯医者さんには聞こえていませんが、誰にも言えないくらいの内容だったとのこと。これだけ書くと、ギョッとしそうな話ですが、ここには背景があります。
　保育者に理由を聞いてみたところ、次のようなことを話されました。「埋めたいんじゃなくて、しんどいというのはすごく分かった。『そのしんどさ、私にも分かるよ』って、シズオ君に伝えたかった。それが、あの形に……」ということでした。子どものつらさに共感していく、その方法は、さまざまでいいと思います。この保育者のように、子ども以上に暴言を吐くことでもいいですし、もっとオーソドックスに「私も歯医者さんイヤやってん」という声かけでもいいと思います。それは、保育者それぞれのカラーでよいと思います。ただ、いずれにせよ、問題とされる行動の裏にある子どもの思いをつかんでいく、そのことが重要になります。
　もちろん簡単なことでないことは私にも分かっています。シズオ君の怨嗟（えんさ）と言ってもいいほどの叫びをその場で聞くと、その負の感情は大人にも伝染します。「やめなさい」「どうにかしないと」と思ってしまいます。「問題行動はなくさねば」と思ってしまいます。でも、そこをぐっとこらえ、子ども視点に立ってみましょう。すると子どもの世界が見えてきます。そ

子ども理解のカギ❻
問題行動の裏にある子どもの思いを想像しよう

119

の瞬間に新たな保育の可能性が立ち上がります。

⑤「気になる子」の気にならないところを見る

　突然ですが、質問です。「気になる子」は、「気になる」部分だけでできているのでしょうか。こう聞くと、ほぼ全員が「ノー」と言うはずです。気になる行動だけでなく、気にならない行動もたくさんあると。

　しかし、いざ「気になる子」を目の前にすると、どうしても「気になる行動」が目についてしまうものです。保育者にしてみると、「あの気になる行動さえなければ、保育がうまくいくのに」という思いがあるため、気になる行動だけに視線が飛ぶのかもしれません。他の子を叩く行動さえなくなれば、理想的な保育ができるのに……と思ってしまうのでしょう。このような保育者の気持ちは、分からないわけではありません。ですが、そのような「気になる子」の気になるところだけを見るまなざしが、子どもにとってよい影響を与えることはまずありません。

　私が巡回相談で出会った子どもに、さとる君がいました。さとる君は3歳児クラスに在籍しているとても活発な子どもでした。口癖は「さーくんも！」。他の子どもがやっていると、とにかく自分もやりたくて仕方がない、そんな積極的な子どもでした。しかし、クラスの先生は、悩まれていました。いくつか気になる点があるようでしたが、その中心は、集中力が続かなく、落ち着きがないということでした。「さーくんも」と言うわりには、やり遂げられないことが多いとのこと。新しいおもちゃが出てくると、そこに飛びつくわりには、続かない。着替えをしていても、途中で他のことに目移りしてしまう……。絵本読みのように、みんなで先生の話を聞く時は、じっとしていないことが多く、いつも動いているとのこと。先生は、さとる君の注意散漫であったり、じっとできない行動が、経験不足によるものなのか、性格なのか、それとも発達障害なのか……ということを知りたいようでした。

　そこで、まずは、1日さとる君と生活を共にして、彼の様子を探ることにしました。するといくつか大事なことが分かってきました。確かに先生の言われる通り落ち着きがありません。朝の会で、先生が今日の流れを説

MEMO

明している時、私のほうを見たり、廊下を通っている保護者を見たり、とにかく落ち着いていません（話も聞いていません）。また、折り紙でネコをつくっていた時もそうです。折り紙製作に集中していたにもかかわらず、先生がブロックを出すと、椅子も片付けず、折り紙は出したままでブロックに一番に飛びつきます。先生が悩まれている通りです。

　ここまで見えてくると、落ち着きのなさの原因を特定するのが次のステップのように思います。ADHD（注意欠陥多動性障害）と言われるような発達障害かどうかを見極めることです。

　しかし、生活を丁寧に見ていくと、このような見極めの前に、大事な事実があることに気づきました。さとる君は集中している時間も多かったのです。たとえば、先生の話をみんなと一緒に聞くのは確かに苦手ですが、自分の興味のあるネコをつくる話になると集中して聞くことができていました。他にも、落ち着きのない子どもが、先生の持っている絵本を取ろうとした時のことです。さとる君は、瞬時に立ってその子を叩いたり、自分も絵本を取りにいったり、別のことをしたりすることはありませんでした。そうではなく、「前、見えないよー」とその子どもに言ったのです。自分の要求がかなわない時に注意が途切れたり、すぐに行動に出るのではなく、言葉で自分の気持ちを伝えられるのはすごいことです。また、お昼寝が終わってから園庭でダンゴムシ探しをしていた時も、他の子どもが次々とあそびを変えているなか、黙々とダンゴムシを集めていました。

　このように1日を通してみると、さとる君も、集中していることは多いですし、また、注意が切れるような状況でも、集中している場合もありました。しかし、先生はさとる君が落ち着いている時は、他の目立つ子どもに気をとられているためか、彼の素敵な様子には気づいていませんでした。しかし、それは、とてももったいないことだなと思います。なぜなら、その素敵な姿のなかに、子どもの発達していく芽があり、かつ、保育を展開するきっかけがあるからです。

　さとる君の素敵な姿を引き出そうと考えると保育が変わります。落ち着きのない姿をなくす保育ではなく、彼が集中できる保育環境を意図的に設定しようとする保育へと変わります。もちろん、すべての保育時間を彼に合わせることは難しいでしょう。しかし、その一方、一週間のなかで、彼

の関心に合わせた保育を一度もできないことはないはずです。できる範囲のなかで、意図的な保育環境を設定していくことが求められます。

　また、このような素敵な部分を、積極的に子どもに伝えていくことも重要です。子どもは、案外、自分が集中している時の自分を知らないものです。子どもが真剣なまなざしで取り組んでいる姿を、保育者が子どもたちに伝えていくことで、子どもは「お、そうか、たしかにオレってイケてるな」と自覚できるようになります。そのことが、自分の行為を自覚し、未来への行為をつくることにつながっていきます。

　ソビエトの有名な心理学者であるヴィゴツキーは、障害児を指導するにあたり、「障害のある子どもの健康な面をみなければならない」と述べています（ヴィゴツキー『障害児教育・発達論集』新読書社）。本書に登場する子どもでも同じです。子どものできない部分・弱い部分を集中して訓練すれば子どもは変わるのではありません。そうではなく、その子どもの健康な部分――素敵なところ――を見つけ、豊かにしていくことが結果として、子どもの発達を引き出すことにつながるのです。

＊＊＊

　私が、巡回相談に入る時に心がけているのは、この「気になる子の気にならないところ」を見ることです。保育が行き詰っている時の理由は、実

子ども理解のカギ❼
気にならないところに注目しよう

MEMO

は「どうしていいか分からない」という保育方法にあるではありません。そうではなく、先生の子どもの見方が固まっていることが一番の原因です。子どもの見方が固まっているために、保育の可能性が広がらず、「うまくいかない」保育を繰り返し、煮詰まってしまうのです。

　そのため、子どもの見方を変えていく、もっと言えば、子どもの素敵な面をできるだけ具体的な事実で「再発見」し、先生方と共有することを大事にしていきます。そして、その素敵な姿が見られた理由を、保育者と共に探っていきます。それは、日々の保育の中のよさを「再発見」する作業でもあります。

　実践をすすめていく糸口は、子どもや保育の「外側」にはありません。どこかの偉い先生の話や、マニュアル本といった外側に、答えはありません。そうではなく、見えているけど見えていない目の前の子どもの姿や日々の自分の保育の「内」にこそ、糸口があるのです。そして、その糸口を見出すには、「気になる子」の気にならない姿を意識して見つけていくことが重要です。

おわりに：「子どもが変わる」ことへの信頼を

　「気になる子」（現在は、自閉症スペクトラム障害の診断を受けています）を持つお母さんと、継続して相談しています。幼稚園を卒園されたあと、久しぶりにお話を聞く機会がありました。お母さんは、次のように話をされました。

　小学校から家に帰ったA君は、慣れない環境で疲れているのか、なかなか宿題に取りかかれないようでした。そんな時、A君は、「なんで１年生なのに、宿題が多いんだよ！　こんな簡単な宿題ばかり！」と言って怒るようです。その時、お母さんは「やらなくてもいいんだよ。いろんな考えがあるから、先生に『こんな簡単な宿題やらない』と言ったら、なにか教えてくれるかもしれない」「それに、お母さんは学校に行く人じゃない。学校に行く人を応援する人だからね」と言って、それ以上は何もしないそうです。すると、少し間があって、彼は宿題を自らやり始めたというエピソードを聞かせていただきました。

私は驚きました。以前からお母さんは、子どものことをとても丁寧に見て、そして、よく考えられた子育てをされてきました。しかし、このような声かけをされることは今まであまりなかったからです。どちらかと言えば、これまでは、「どのようにすれば宿題をスムーズにやってくれるか」という声かけを考え、実践されてきたからです。これまでのお母さんなら「今、宿題やっておくと、夜寝る時は楽になるよ」などと声をかけられていたでしょう。

　そこで、お母さんに、声かけの内容が変わったことを率直に伝えました。すると、お母さんは「うーん」と考えて、次のように話されました。「子どもを変えることはできないかなぁ。息子自身が変わるように、任せるようにしたかなぁ。それに、自分の気持ちだけを伝える言い方をして、本人が変わるのを待つと、その後『できるやん』などと、素直にほめることができるから」と。

　ここまで、読み進めてくださった読者なら、お母さんの発言の意味は、よく分かるでしょう。子どもを変えることではなく、子どもが変わっていくことへの信頼があふれています。自分の気持ちだけ伝え、子どもにあとを任せるのは、日頃から子どもの様子を見ていないとできませんし、子どもの力を信じていないとできない声かけです。

　それに、そんなお母さんの信頼に応える子どもさんも素敵です。彼自身も、きっと心のなかでは「宿題はしなければいけないし、がんばりたい」と思っているのでしょう。でも、彼が持っているしんどさもあって、なかなか切り替えることができない。そんな時、お母さんからの信頼のこもった言葉とまなざしを、自分の気持ちを立て直すエネルギーに変えていきます。この事実を発達と呼ぶのだと思います。

　もちろん、このような子どもが変わることへの信頼を持つことは簡単なことではありません。その難しさは、今の保育のおかれた厳しい状況を見れば分かります。ただ、まったく難しいことではないとも思います。日々の子どもの姿や保育のなかに、必ず発達の芽が隠されているはずです。本書を読みつつ、そして、仲間と語りながら、発達への確信と信頼を積み重ねてください。そんなプロセスが、子どもがかわいくてたまらない、保育が楽しくて仕方がない気持ちを連れてきてくれることと思います。

MEMO

❷ みんなで育ち合う 楽しい保育のつくり方

岡村由紀子

はじめに

　子どもたちに何かしてあげること・教えてあげること・できるようにさせることが保育だと思い、一生懸命考えて準備をして保育をしていた新卒の頃、自閉症と診断されたⅠ君（4歳児）と出会いました。
　当時の私は「自閉症」の意味もよく分からないまま、「テレビを見せすぎたから」「かまってあげなかったから」というおかあさんの言葉そのままを信じていました。
　言葉の出ないⅠ君は、何かあると泣き続け、顔中くちゃくちゃにして鼻水やよだれを出して私に抱きついてくるのです。
　そのたび、心のどこかでⅠ君を受け入れられない自分がいて、悶々としていました。入園して数ヵ月した頃、Ⅰ君はお友だちのMちゃんの髪の毛を引っ張ったり、押し倒したり、かむことが多くなり、Mちゃんは毎日泣いていました。Mちゃんの身長は、体の大きいⅠ君の胸のあたりしかなく、押しつぶされそうな場面もあり、私は「Ⅰ君！」と怒って止める場面が増えていきました。
　そんなある日、Ⅰ君とMちゃんがニコニコとくすぐりあって遊ぶ場面を見つけ、思わずMちゃんに「楽しい？」と聞いてしまいました。するとMちゃんはにっこり「うん」。そこで、

> **MEMO**

私「でも、いつも髪の毛引っ張られたり押されたりするのイヤじゃないの？」
M「イヤだけどI君、Mのこと好きなんだもん。ねー」

と2人でまた、くすぐりっこをしています。その後、Mちゃんのお家からMちゃんがI君を気に入っていることを教えてもらいました。
　「I君にやられているMちゃん」と思っていたので、Mちゃんのこの言葉は、私にとって想像できませんでした。この衝撃的な出来事が、保育って何だろう？　指導って何だろう？　と深く考え始める一歩になりました。

　それから、たくさんの子どもたちに出会い、たくさんのことを教えてもらいました。なかでも、次の2つが私にとって大切な学びでした。
　ひとつは、子どもの姿や行為は、たとえ大人から見たらマイナスと思える内容であっても、その背景には子どものたくさんの思いや願いが隠されているということです。それは、大人を幸せにし、元気にし、そして、誠実に生きることを教えてくれる素晴らしい世界です。ですから、保育とは、大人の思いと願いが優先されるのではなく、子どもの思いや願いを知って、共につくることなのです。
　そしてもうひとつは、子どもの意思や意欲は、「楽しい」「面白い」という感情体験をしている時にこそ見られるということです。言い換えると、子どもが「楽しくて、面白くてたまらないあそび」こそが、子どもの発達をうながし、人間として生きる力を育てるのです。

　ですから保育とは、障害があってもなくてもすべての子が、園が楽しくてたまらなくなるような、笑顔があふれるような実践をつくり出すことなのです。

1 ちょっと違う子どもの姿 でも、楽しみ方は同じ

　園での子どもたちの生活やあそびを見ていると、次のような姿も見られます。
- 寒くても、雨が降っていても裸足になって、水を運び砂場で穴を掘って「こうじしている」と楽しんでいる。
- 朝、登園したら自分のなかであそびの順番が決まっていて、状況に応じて変えられない。
- 新しいあそびには関心がなく、毎日毎日虫取り……など。

　これらは、同年齢の子どもが少しずつ仲間と関係をつくり、あそびが展開していく姿とは、ちょっと違っています。ですから、他の子と違う姿を見せる子どものあそびや生活は、中断したりトラブルが多く、保育者にとってはうまくいかず「困った」「理解しにくい」状況を生みやすくなっています。

　でも、そうした子どもたちの表情や眼差しを注意深く見ていると、他の子どもたちが遊んでいる時と同じように目は輝き、楽しいんだなーと感じている姿が分かってきます。他の子どもたちとのあそびの違いに目を奪われず、その子のあそびに共感して一緒に遊んでみると、言葉はもちろんですが、その表情、しぐさ、状況、行為からあそびが変化していることに気づくはずです。

　その変化を見逃さないことで、あそびは発展します。逆に見逃せばあそびは衰退します。保育者が子どもの姿をどう見るかが、問われています。

MEMO

2 「気になる子」を含む 保育創造 3 つの視点

　面白くてたまらないあそびのなかでこそ、子どもは自らを変え発達していくと述べました。それは「気になる子」も変わりません。ですから、どの子にとっても楽しいあそびをつくり出すことが保育者の専門性と言えます。

　「気になる子」を含む子どもたちの、面白くてたまらないあそびをつくる保育の視点は、次の 3 つにまとめられます。

　1 つは、子ども主体のあそびです。子ども主体のあそびを引き出す手がかりは、そのあそびに子どもが「興味・関心」を持っているかどうかにあります。興味・関心のあるあそびこそ、子どもは自主的・自発的になり、あそびの主人公となります。

　2 つ目は、子どもの発達課題を明らかにし、個を深くとらえることです。子どもの不得意なこと・苦手なこと・思い・考えなどを理解することは、あそびを面白くする指導の手がかりやヒントになるからです。

　3 つ目は、子どもの思いや考えに共感できる大人や子どもの関係づくり（人間関係）に注目することです。あそびの面白さは、保育者・クラス・仲間・友だちなどの人間関係によって変わってきます。言いたいことを言って、違ったら話し合って、安心でき、ほっとする人間関係のなかでこそ、あそびは豊かになっていきます。

3 指導について

　あそびは、「年齢に応じて楽しみ、おもしろさを追求する自主的・自発的活動」（勅使千鶴『子どもの発達とあそびの指導』ひとなる書房、1999 年）ですが、それは自然発生的に生まれるものではありません。「この活

動やあそびをやってみたい」という子どもの動機や、「あそびに夢中になる」という継続する側面をつくり出す指導があってはじめて、子ども自身が主体的にあそびを楽しめるのです。

　その指導は、はじめから学ぶ内容を明示して行うような直接指導とは異なり、あそびへの憧れをつくり出し、子どもが「やりたい！」「仲間にいれて」と、自らその気になるのを待つ間接指導です。

　もちろん、急に予測が出来なかったことに出会う自然相手の営みに面白さが生まれたり、保育者がボーッとしていた、知識がなかったなど、何も考えず・何もしなかったことが面白かった！　という事実もたくさんあります。指導のないことがあそびの面白さをつくり出すこともあるというあそびの奥深さを知っておくことも大事なことです。

　そして、集団保育とは、個別の療育保育と違って、1人の育ちが集団を高め、集団の育ちが1人を高める関係性（子どもが集まることによって生まれる教育力）に働きかける指導です。障害があってもなくても1人の存在と重みは、何も変わらないという考えをもとにしています。ですから、2の「保育創造3つの視点」でも挙げたように、指導は「個と集団」両方向への指導が求められます。

　そこで、ここからは、「個への指導」と「集団への指導」のそれぞれについて指導のポイントを述べていきます。

① 個への指導

❶ 共感する

　子どもの行動や行為には、必ず子どもにとっての意味があります。大人から見ると分かりにくかったり、否定的に思える行為や行動も同じです。そこに込められている子どもの思いや願いを知ろうとするところから保育が始まります。

　「欲しかったんだね」「やりたかったんだね」など、子どもの思いや願いを分かろうとしたり、共感することで、保育者は、子どもの心を知る機会が生まれます。それだけでなく、子どもは、そんな大人に安心を感じて、信頼関係がつくられ、つながっていくのです。

MEMO

❷ 環境をつくる

　環境をつくることも重要です。環境を考えるには、興味・関心を持てるように、おもちゃや道具などの「モノ」を中心にして環境をつくる視点と、「大好きなお友達のやっていることなら……」「○○組だから……」と、人への興味・関心から考えていく２つの視点があります。

❸ イメージを持ちにくい場合の対応

　障害がある子どもや「気になる子」のなかには、「みたて」や「つもり」「ごっこあそび」の姿があまり見られないなど、イメージをなかなか持てない場合があります。

　たとえば、細い葉っぱをそうめんにしてごっこあそびをしていると、「それ葉っぱだよ」という具合に、ごっこの世界を共有しづらい子がいます。そんな時は、保育者が、「そうめんみたいな細い葉っぱだね」などと言葉を添えることで、共通のイメージを持って「ごっこあそび」に加われる場合もあります。保育者は、個と集団をつなげる役割をします。

　また、お店やさんごっこをやっていた時、A君が家を壊してしまったとします。そんな時に「また、A君は……」とは言わずに、「あっ！　台風で家が壊れてしまいました。けが人がいます！」と倒れた真似をして救急車を呼ぶ……のようにしてかかわると、あそびの展開は変わってきます。

　これらの指導に共通するのは、みんなそれぞれ違っているけどなんだか楽しいなーという雰囲気をつくり出していることです。

❹ 見えにくい要求語（表情・単語）への対応

　「気になる子」と言われる子どもたちのなかには、言葉にして自分の気持ちを言わない子どももいます。そんな時は、前後の動きやあそびの流れを見落とさず、言葉を添えて返すことが大切です。こんなエピソードがありました。

　Y君がK君を急に押し倒したため、K君が泣いています。訳を聞くと、Y君は「K君が、お口でいわずにN君をたたいた」と言います。それを聞いて、保育者は「そうかあ。N君がK君に叩かれたんだね。でもK君がお

131

口で言わなかったから、Y君はK君に教えてあげたんだね」と返しました。Y君は「うん」と返事をします。N君に聞くとY君が言った通りでした。

　「思っていることは、言葉で伝えること」と思っているY君は、K君が言葉で言わずにN君を叩いたから「だめだよ」の思いでK君を押し倒したのです。このように子どもの思いは見えがたいため、訳を知らないと「Y君、押してはいけません」とか「Y君だって押してるでしょ！」と言いがちです。しかし、子どもの思いを知ることで、保育者は、「お口で言わないK君に教えてあげたんだね」とまずはY君の気持ちには共感できるようになります。だからこそ、「Y君、今度の時は、お口で教えてあげようね」と伝えることができます。

❺ 突然の危険な行為や問題行動への対応

　危険な行為には、体を使ってさりげなく止めながら、まず、子どもの行動の背後にある思いや理由に理解を示す言葉、たとえば「ほしかったんだね」「やりたかったんだね」などを伝えます。理由が分からない場合は「イヤだったんだね」「困っているんだね」などの言葉を伝えます。

　わがままや悪口を言ったり、相手を困らせるような行動は、通常、困った行為ととらえられがちです。しかし、見方を変えれば相手にそうしたことをしてもいいとか、ありのままの自分を出していいという信頼や安心感が育ってきているとも考えられます。それは同時に、保育者の言葉や思いがその子に通じやすくなってきた姿ととらえることもできます。不適切な行為や問題行動の時こそ、その子なりの思いや考えを学ぶチャンスと考えると、保育の幅が広がります。

❻ 気をつけたい保育者の声

　保育のなかで、自分の声を意識することは、あまりないでしょう。ですが、保育者の声の「大きさ」「強さ」「音色」は、子どもとの関係をつくるうえでとても大切です。煽り声、大きな声、怒鳴り声では、発する言葉は共感的であっても、子どもは怒られている気持ちになり、自分の思いを伝えたい相手にはなりません。落ち着いた穏やかな声で、心を込めて言葉を

MEMO

MEMO 発することで、子どもは保育者に対して安心感を持ち、保育者との間で会話が生まれやすくなります。

② 集団への指導

　子どもは「一緒だね」「楽しいね」の経験を共有することで「友だち」という言葉の土台を体にしみこませていき、やがて「友だち」という言葉と出会った時、その意味を実感します。
　そして、友だちといると楽しいからこそ「友だち」に近づきたくなり、「友だち」と一緒にいたいから我慢もするし、折り合いをつけようとするのです。ほほえましいエピソードがありました。

　2歳児クラスのかくれんぼを見ていた1歳児クラスのあき君。2歳児がいなくなると、顔を隠しながら「もういいかい」と言いながら大きな木の下へ行き、うれしそうな様子で保育者のほうを見ています。
　それを遠くから見ていた同じ1歳児クラスのゆう君も、「もういいかい」と言って顔を隠しながら、あき君の隣りに並びました。そこで保育者が「見ーつけた！　あき君。見ーつけた！　ゆう君も！」と言うと、手をとって2人で顔を見合わせてにっこり。
　「一緒だねー。楽しいねー」と声をかけると、もう一回かくれんぼの始まり……と、何回も繰り返して遊んだ2人。その後も、着替えの終わったあき君がゆう君の着替えをそばでじっと見ていて、着替え終わったゆう君のほっぺをむぎゅっとするあき君。
　「あき君とゆう君、一緒だね。うれしいね」と言うと、2人はにっこりです。

　子どもは、ゆっくり・ゆっくり育っていくことを忘れては、子どもの発達を保障することはできません。
　「みんなと同じようにする」「友だちと仲良くする」と指導する前に、一人ひとりの子どもがどのくらい「一緒だね」「楽しいね」という、「友だち」を感じる土台経験を持っているかを考えることが、集団保育──人が集まることによって生まれる教育力に働きかける──の指導を行ううえでは重

要になります。

　それに対し、他の子どもと違うことをしたら否定されたり、叱責の対象になったり、また、「みんなと一緒に行動する」ことが保育目標になってしまえば、子どもは「自分」の心に気づかず、かけがえのない自分を育てることはできません。

　「みんなと違っていることを否定されず、違っていても仲間だね」という関係のなかでこそ、子どもは自ら発達していきます。

③ 個と集団の育ちをとらえる：4つの時期に分けて

　個々の子どもが集団（仲間・友だちを含む）に参加し、集団をつくっていくプロセスを、4つの期に区分して示しました。子どもによって各期をたどる時間もプロセスも違っていますが、目の前の子どもたちの集団の質をとらえ、その時の集団への指導の手がかりになると思います。

1期：個のあそびの自己充実期　　　　　　　　　　（事例❾ P46 参照）

　家から離れ、家庭ではない環境で遊ぶことができる時期です。初めての場所や人に慣れずに泣く新入園児の4月、5月と重なる光景です。少しずつ場所に慣れ、人に慣れ、水や絵本や砂あそびなど自分で気に入ったあそびができることで、あそびが充実していきます。

　そこには、共感する大人がいて、時には他の子が関心を示し、保育者の支えで「一緒」にやる（と言っても子ども自身は意識していませんが）場面が見られる時期です。

　この時期の集団指導は、一人ひとりが気に入ったあそびを見つけ出し、安心して遊ぶことができる関係をつくることを大事にします。

2期：興味のあること・あそび・人に関心を持つ時期　（事例❹ P26 参照）

　散歩、虫取り、絵を描くなど、興味のある活動を他者と共有することをイヤがらない時期です。気に入った友だちと「一緒」を共有するなど、一緒が楽しいと感じた活動や、「人と一緒」を楽しむことが、時々見られるようになります。

MEMO

　また、個のあそびにこだわりながらも、クラスの所属が分かり、そこに所属しようとすることも見られます。

　この時期の指導では、違って遊んでいることが「いけないこと」ではないことを、個にも集団にも伝え合いながら「違ったことをしていてもクラスの仲間だね」という関係をつくることが重要です。

3期：集団のあそびや活動と個の充実に自分で折り合いをつける時期

（事例⓾ P50 参照）

　好きなあそび、好きな人たちとの「一緒」が楽しいと思える心が育つことで、「続きにする」「コレをやったらやる」など、自分のなかでの折り合いをつけていく時期です。集団で遊ぶことと個の充実が、ともに成立するところに特徴があります。

　この時期のように発展するには、子ども集団のなかで個の自己肯定感がないと、こうした関係はつくれません。違っていることを否定的にとられない経験が大事です。特に1期の経験が土台となります。

　クラス集団としては、個の違いを認めつつも、「仲間（クラス・グループ）だから要求できる」ことが大事になります。

4期：集団のあそびと個のあそびがからみ、仲間の要求で折り合いをつけ、　　　豊かなあそびが展開する時期

（P136 参照）

　大好きな人たち（友だち・クラスなど）と一緒にいたいという気持ちが強くなる時期です。自分の思いや考えを相手に伝えたい気持ちが生まれ、周りとのコミュニケーションや人間関係をつくりたい気持ちが生まれます。仲間やクラスの要求を聞いて折り合いをつけて「続きにする」「○○したら△△する」などの自律的自己コントロール力の育ちがいっそう見られてきます。

　この時期の指導では、個と集団の要求を対等平等に受け止め、話し合い活動を活発にして合意形成能力の力を育てることが核になります。このような話し合い活動を大事にすると、子ども同士のトラブルが増えることもあります。しかし、このトラブルがある時こそ、個にとっても集団にとってもお互いを理解するチャンスになるのです。

◆このプロセスのなかで、「気になる子」が集団保育場面にいることは、一人ひとりに他者理解の力を育て人間関係・コミュニュケーションのより豊かな発達がうながされていることにもなるのです。

MEMO

どの子にも「今日も、あー楽しかった！」と思う毎日を！

　たいよう組（年長組）のひとコマです。

　　　　　　　　　　「私は、2ばんだった」
　　　～違っていることは見えにくく、相手に伝えるのは難しい～
　「1年生になるよパーティー」の2日前に、リズムでやっとこ（側転）を1人ずつやっている時でした。
　1番は、まゆこちゃん。2番は、ひかちゃん。3番は、けいちゃん、4番は、なごむ君。
　1、2回目が終わり、3回目に入りまゆこちゃんが進みます。ところがけいちゃんが困ったような顔して立ちすくみます。その前で、
ひかり「（私が）2ばんだった」
なごむ「ちがうよ。2ばんは、けいちゃん」と言い合いして、ひかちゃん
　　　　は大声で泣いています。どうなるかなーと見ていると、
ひかり「じゃいいよ。ジャンケンにしよう」と言って、ひかちゃんは泣き
　　　　やみ、何も言わないままのけいちゃんとジャンケンして、けいちゃ
　　　　んが勝ったのです。
　するとひかちゃんは、負けることを予測してなかったのでしょう。「2ばんだった」と言って、床を叩きながら怒って、また泣き出してしまいました。
なごむ「ジャンケンに負けたんだから、しょうがないよ」
子ども「じぶんでジャンケンにしようといったのに」の声にますます泣く
　　　　ひかちゃんでした。

　そこでみんなと話し合うことにしました（この日を保育者は待っていたのですが）。

MEMO

なごむ「2ばんは、けいちゃんだよ」
岡　村「ひかちゃんは、まゆこちゃんの後ろで2番だったと思う」
保育者「ひろ子ちゃんもそう思う」
なごむ「ちがうよ。けいちゃんが2ばん」
岡　村「けいちゃんは、どうだったの？」
け　い「……」
岡　村「本当のことを言うのが、たいようさんだよ。まゆこちゃんの後ろは、誰だった？」
まゆこ「けいちゃん」
ひかり「ちがうもん。（私が）2ばんだもん」

　他の子に聞くと、あとの子はよく分からず、「2ばん」「ちがう」のやり取りが続いていると、誰かが「ひかちゃん、本よんでいた」の声。

岡　村「そうなの？」
ひかり「うん。エルマーの本。でも2ばんだもん」。すると周りから、
子ども「え？　いまそんなときじゃない……」
　　　「そうだよ。いま、やっとこするときだよ」と言うと、また泣きながら、
ひかり「だって、ここだもん」（近くにはいたということ）と列の横にあった机を指さしたので、
岡　村「じゃ、みんなで、自分のいたところに並んでみよう」と言うと、子どもたちは並び、たしかにひかちゃんは、列の横にあった机のところにいて、列の2番がけいちゃんだったのです。
ゆいか「そういうときは、（ひかちゃんを）よんであげればいいんだよ」
保育者「けいちゃんは、そのこと知っていたの？」
け　い「だってみんなが、けいが2ばん2ばんていうから……」と泣き出してしまいました。
　すると周りの子たちが、
子ども「そういうときは、ゆうきをもっていうんだよ。けいちゃん」
　　　「ひかちゃんも、ここのところとっておいて、とかいうだよ」
　　　「でも、いまは、そういうのよむときじゃないとおもうよ」
　　　「そう。くちでいうんだよ。ちゃんと。たいようなんだから」の声。

岡　村「そうかー。ひかちゃんは、1回目も2回目も2番だったから、列の横に抜けて離れても、近いし2番と思っていたんだね。まゆちゃんやなごちゃんは、見たら3回目は、ひかちゃんがいないから、2番はけいちゃんと思ったんだね。けいちゃんもどうしていいか分からないまま、みんなに2番と言われたり、ジャンケンしようと言われて困っちゃったんだね。自分の思っていることを、お友だちに分かるようにいうのは、本当にむずかしいよね」

　何も解決されなくても、子どもも大人も誰もが「言いたいこと言って」「聞いてくれる人がいて」「あーでもない、こうでもない」と話をしたら、子どもは大事にされている自分を感じ、「仲間っていいなあ」と思う感性が子ども時代の心に積み重なっていきます。
　それは、自己信頼感と他者信頼感が深く心に刻み込まれて、人間として生きる力を育てていく営みです。保育とは、子どもが「毎日楽しい！」と思える生活を、子どもたちと保育者がパートナーとしてつくっていく営みなのだと思います。

MEMO

一人でも保育は、変わる

　保育の質は、保育者集団の質に大きく左右されます。その質を高めるためには、お互いが学び合い・高め合うような職員集団の関係が育まれていることが大事です。しかし、保育者集団の質を高めることは、簡単なことではありません。とりわけ、お互いの価値観が異なる職場であれば、職員集団がまとまることは、いっそう難しいでしょう。そこで、ここでは、「一人からでもできる」保育力アップの方法を提案します。

① 子ども心を知ることから始める

　大人から見て「困った」「大変」と思う子どもの行為や活動のなかにも、必ずその子なりの思いや理屈があります。こうした思いを知ることで保育は変わります。子どもの思いや理屈を知る具体的なポイントは、次の4つです。

①まずはじめに「何してるの？」「どうしたの？」「どうしたいの？」の言葉を
②反応が無い時には「困っているの？」「なんだか分からないのかな？」という言葉も
③もちろん表情や態度から子どもの心に届く言葉を探して、声をかけることも大切です
④そして、「イヤなんだね」「ほしいんだね」と、抱きしめる行為も大切です

　保育者の願いとは異なる「困った」行動をしている子どもにかかわる時、

MEMO

楽しい保育をつくるカギ❶
困ったら、まず子どもに「どうしたいの？」と訊く

「だめだよ」「やめようね」とか「今は○○する時でしょ」のように、大人の願いや意図を最初から伝えることはやめましょう。そうではなく、①のような言葉がけから始めることで、その後の子どもの姿や保育の展開がそれまでとは、180度変わります。

子どもは、気持ちを聞いてくれる大人に出会うと「分かってくれるんだ」と思い「安心」が生まれ心が落ち着くものです。その時初めて、大人の思いや言葉を受け止める関係が生まれます。それを信頼関係の成立と呼び、保育はここから始まります。

一人でも保育が変わる、はじめの1歩です。

❷ 子どもは、自ら変わる

「不適切」な行為や行動が変わるのは、大人の言葉ではなく、子ども自身が自ら変わる時です。そのためには、次の2つがポイントになります。

1）大人の評価語をやめ、子どもが自分自身に気づく言葉とたくさん出会わせること
①「ありがとう」の前に「うれしかったね」

②「やさしいね」より「○○ちゃん喜んでいるね」と言ったら嬉しくなります
③食事をしっかり食べたら「えらいね」より「大きくなるね」と言ったら自分の体に気づきますね
④その子自身を認める「素敵ね」「素晴らしいね」の言葉をかけることで、自分の心が育ちますね

2）大きくなっている自分に誇りや自信を持つ言葉や行為と出会わせること

　日常的にかかわる保育者でなければ分からない子どもの小さな変化を「当たり前」にせずに、認めて「大きくなっているんだね」という言葉を子どもたちにたくさんプレゼントしましょう。

③ 子どもがつながる

　子どもは、豊かな仲間関係のなかで生活やあそびを経験することで発達します。豊かな人間関係をつくるためには、大きくは次の3つが大事です。

楽しい保育をつくるカギ❷
子どもを評価づける言い方をやめる

1）園を安心できる場所にする

　自分にとってイヤなことは「イヤだよ」と言える、友だちに「イヤだよ」「やめて」と言われたら必ずやめる、というルールをクラスにつくることで、園が安心して楽しく生活し、遊ぶことができる場所になります。

2）うれしいことも困ったことも、子どもとの関係のなかで

①大好きな人をつくる

　友だちとの関係は、大好きな人をつくることから始まります。

　でも子どもは最初のうち、好きという表現の仕方をまだ上手にできなくて、横入りしたり、急に抱きついたり、ひっぱったり、時には、叩いて喜ぶこともあります。そんな時には、「〇〇ちゃんが好きなんだね」と言って、子どもの思いを了解したうえで、その行為を「でも、それでは〇〇ちゃんうれしくないね」と伝え、「どうしたらいいのかな？」と一緒に考えるようにします。

②トラブルは、相手を知るチャンス

　トラブルが起こった時、ケンカ両成敗的なかかわりでなく、まずは「どうしたかったの？」と両方に聞くことです。そして、周りのお友だちに「ど

楽しい保育をつくるカギ❸
子ども同士がつながるような働きかけを大切に

うしたのかなあ？」と聞き、一緒に解決をします。このことで、仲間の思いや考えを知るだけでなく、トラブルがあった時、どのように解決するのかを子どもたちが学んでいきます。

　また、言葉で言えない子どもには「困っているのかな？」とか、「うれしくなかったね」などの言葉を添え、子どもの感情にピッタリの言葉を探すことで、自分の心に気づかせ、自分の気持ちを大切にすることを学べるようにします。

　友だちをかんだりけったりするようなトラブルの時には、「○○したかったんだね」と言葉を添え、不適切な行為については「今度は○○しようね」「こうすればよかったね」と伝えることで、思いを言葉で伝える力が育ち、関係が豊かに育ちます。

③できなくても人の世話をするのは、仲間への関心
　自分もできないのに、人の世話をするのは、仲間への関心の芽生えの表れです。
　そんな時には、「○○ちゃんは、お友だちのお手伝いしたんだね。素敵だね。今度は、○○ちゃんが着替えるところを見せてね」などと声をかけます。

④「言いつけ」も、仲間への関心
　「言いつけ」が出てきたら、仲間への関心が育ってきた証拠です。そんな時は、「あなたは、どうしたいのかな？」「あなたは、どう思ったのかな？」と聞きましょう。
　そのうえで、「やりたい」ということであればやりたい心を支えます。やれないことであれば「そう。気がついたんだね。素敵だね。それをお友だちに教えてあげられるかな？」と伝えます。

⑤「我慢」は、楽しい見通しのなかで
　我慢する力は、生活や人間関係を豊かに楽しく過ごすための力です。楽しい見通しをつくることで、我慢する力は自律的に育ちます。
　順番を守るということも我慢に関係します。私たちは順番を遵守するこ

MEMO

とに力を入れて指導することが多く、そういう時は「順番を守らないとできないね。やれないね」と声をかけがちです。しかし、そうではなく、「待っていたら〇〇がやれるね」「待っていたから〇〇がやれたんだね。よかったね。うれしいね」と、子どもが楽しい見通しを持って我慢できるように声をかけます。

3）大人もクラスの仲間の1人

①子どもと一緒に保育をつくる

　1日の長い時間と空間を子どもと一緒に過ごすのが、保育者です。

　どんな時も子どもの心に共感的にかかわることで安心が生まれ、保育者との間に信頼感が形成され、子どもは子どもたちに関心を持ち、子ども同士の関係をつくっていきます。ですから、保育を進める時は、この項の最初に挙げた「どうしたいのか？」のという子どもの心を聞きながら進めることが大事です。

②時には保育者も率直な感情表現を

　保育者も困った時には「困っているんだよ」の言葉を伝えると、子どもなりに一緒に考える仲間となります。大人の弱さや失敗を見せることで、子どもと大人の関係はより身近になり、子どもとの関係が豊かになります。

保育仲間をつくって、もっと変わる

　1人でも保育を変えることができます。でも、保育者が複数集まって保育を考え始めると、保育はもっともっと素敵に、もっともっと楽しくなります。

① 「ない」から「たら」へ

　「○○しないと遊べないよ」「○○しないとできないよ」の保育と「○○したら遊ぼうね」「○○したらできるね」の保育の違いは、本書で何度か述べてきたように、子どもの見方にあります。
　子どもの見方を変えるコツは、保育者の言葉を「ない」から「たら」に変えることです。言葉を変えてみると、あら不思議、子どもの奥にあるキラキラした宝石のような心があふれ出てきます。

② 時間軸と空間軸を長くとりましょう

　ひとつの取り組みを長い時間軸のなかで取り組みましょう。子どもが「その気になる」には、時間がかかるからです。そして「その気になる」ための環境を十分とりましょう。
　たとえば、「七夕の作品をつくる」といっても、保育者の言葉かけでつくりたくなる子もいえば、つくった作品を見ることでつくりたくなる子もいます。短いスパンだけで考えていれば、後者の子どもは「できない子ども」「困った子ども」となります。しかし、時間軸を長くすることで、「じっくり作品のことを考えている子ども」「あとからつくることのできる子ども」と見方が変わります。時間と空間（環境）の軸を長くとることで保育は変

わっていきます。

③ ありのままの自分を共感し合いましょう

1）思っていることを語り合いましょう
　これだけで、心は、豊かに元気になれます。うれしい子どもの姿を語れば喜びは2倍に、困ったことや悩みを語れば苦しみは半分になるばかりか、保育のヒントも生まれて勇気も出ます。
　ただ、職場によっては難しいかもしれません。職場に語り合う仲間がいなければ、学生時代の仲間とでも、時々集まって語り合うのもいいですね。

2）子どもの素敵な姿を書きとめ、語り合いましょう
　子どもの素敵な姿を書きとめることは、意識しなくても自分なりの「子ども観」「保育観」が影響します。それを仲間と語り合うことで、子どもや保育の視点が広がります。たとえば、こんな姿も素敵ですね。

　運動会の取り組みをする5歳児。何回呼んでも集まってこないA君を「1回呼んでもこなければ始める。でも2回までは呼ぼう」とみんなで話し合い、決まりかかった時、ここ何日かA君を呼んでも呼んでもこないたびに

楽しい保育をつくるカギ❹
仲間といっしょに保育を語り合い、学び合う

泣いていたＴ君が、急に「イヤだ」と泣いたのです。Ｔ君はＡ君が大好きで、一緒にやりたくて悲しくなったのです。

「気持ちは、言葉で言おう。もう年長なんだから」という考えもあるけれど、みんなが決めた意見を「イヤ！」と言い、泣いても守りたい友だちがいるＴ君は、素敵だなーと思うのです。

3）親たちに「おたより」にして、伝えましょう

　おたよりに子どもの素敵な姿を知らせることで、親と子育ての楽しさを共有することができます。

　おたよりは、その子ならではの姿を書くことができます。また、そのおたよりについて仲間からの意見を聞くことで、自分の見えていないところに気づいたり、振り返りができ、自分の保育力を育てます。

　ただし、おたよりは、保育者集団の合意が必要です。園で1クラスだけ、おたよりを出したらどうでしょうか？　感情的な関係になりやすく、保育者集団が「子どもを中心に」語り合うことは難しくなります。仲間をつくり、そのうえで、会議に提案しましょう。もちろんその時は、なぜおたよりを発行するのかについて、仲間が納得する理由を語ることが大切です。すぐにおたより発行につながらなくても、おたよりについて論議すること

楽しい保育をつくるカギ❺
子どもの素敵な姿を保護者とも共有する

で「子どもを中心に話し合うことができる仲間づくり」の１歩となります。

④ 子どもを真ん中に語り合う場をつくりましょう

１）ほんの少しの時間でも

　曜日を決め、園のなかで子どもの姿を語り合う時間をつくりましょう。ほんの少しの時間で構いません。

　「学び」の渦が広がることで、経験や勘の保育から抜け出すきっかけになります。

　たとえば、クラスごとにやっていたお掃除を、保育者みんなで順番にやってみましょう。お掃除をやりながら保育のこと、子どもたちのことを語ることができます。

２）ほんの少し学習も

　もう少し時間がとれるようなら、テキストを決め、一緒に学んでみましょう。保育と理論を結びつけることができ、保育がさらに豊かになります。

⑤ 研修会の参加や研究会へ実践を！

１）自主的な学びを

　園の研修だけでなく、自主的な研究会に仲間と参加することで、違う視点から学びを感じる機会ができます。100人の保育者がいたら100の保育実践が生まれます。その自分（個）の実践を語り、仲間のなかで論議することで、論議した仲間の子ども理解や指導のあり方・環境構成・教材研究・保育者集団のあり方など実践の豊かさをつくる学びが積み重なっていきます。

２）自主的な学びを園の仲間へ

　学ぶことで、日常の保育創造を豊かにするエネルギーが生まれます。さらに、学びを園全体で取り組んだら、学びがより具体的に子どものなかで実践され、そうした積み重ねが、園の宝となり園の保育文化が育ちます。

あとがき

　もう云十年前のこと。「小さい時から保育者になるのが夢だった！」と、憧れの保育者になって喜びをあらわす仲間の姿と自分が重ならず、キラキラする仲間の姿を眩しく感じ、戸惑いながら就職したことを今でもよく覚えています。

　そんな私が今では、「保育が、子どもたちが、大好き！」と叫びたいくらい保育に惚れ込んでいます。我が家の子どもたちは、こんな母を呆れたりほめたりしてくれていますが……。

　保育者は、若くても、結婚していなくても、子どもがいなくてもできる仕事です。

　では、資格をとったらそれでOKか？　と言えば、「う～ん。難しい」。何故なら、人間の育ちにかかわる仕事には、「これでいい」ということがないので、ずっと学び続けることが求められる仕事だからです。

　学びのひとつは、こうして本を読んだり、研修会・学習会や研究会などに参加しての学びです。

　もうひとつは、子どもから学ぶことです。

　毎日、生活やあそびを一緒にして、子どもの見せる涙・笑い・悲しみを共有するからこそ分かる「子ども心」に学ぶことです。

　現実に向かい合う「子ども心」は、ころころ変わることもあり、なかなか分からないこともあり、保育者を大いに悩ましもするし、素敵な喜びも感激もある世界です。

　そして、自然や遊具・おもちゃなどの物的環境と、周りにいる親・保育者・園の仲間という人的環境によって、つまり保育のあり方で変わるのが「子ども心」です。

　子どもは（と言うより人間は）みんな違っているからこそ面白くもあり素敵な存在なのです。

　いろいろな子どもたちがいるからこそ、自分を輝かせ、友だちの輝きの

なかで、自己コントロールが育ち、人間関係を豊かにし深く育ち合うことができるのです。

　子どもを深くとらえ、理解することは、子どもたちが楽しく豊かな生活をおくれる保育をつくり出すために必要な保育者の学びです。そのためにこの本を利用していただき、より素敵な保育の創造がなされることを願っています。

　保育は、誰にでも当てはまるように書かれたハウツウだけでは、楽しくありません。あなたとあなたの子どもたちによって、あなたたちならではの世界をつくり出す、とってもクリエイティブな仕事です。

　こんな思いを込めてこの本をつくりましたが、保育創造のヒントは、本のなかだけではなく、これまでの幼稚園・保育園の実践の蓄積のなかにも、そしてお勤めの園の実践のなかにもたくさんあります。そうしたことからも学び合いながら、「保育って素敵！」「楽しくってたまらない！」という保育者が増えることを願っています。

　最後に、この本にたくさん詰まった実践は、子どもたちの笑顔が大好きで保育が楽しくってたまらないと毎日保育創造を続ける、あおぞらキンダーガーデンと平島幼稚園の保育スタッフのなかで生まれました。もちろんその中心にいる子どもたちこそが主人公です。「みんな違っているけど仲間だね」の保育は、子どもを真ん中に親たちとパートナーになり、保育実践を20年続けてきた宝物であり、子どもも大人も輝く素敵な時間と場所になっています。出会った子どもたち、スタッフの仲間、親たちにいっぱいのありがとう！
　本をつくるために、納得のいくまで議論をしていたら、あっという間の3年でした。そんな私たちに誠実に付き合ってくださったひとなる書房の名古屋研一さん、安藝英里子さんに心よりお礼を申し上げます。
　　　子どもの笑顔があふれることを願って
　　　　　　2013年7月1日　　　　　　　　　　　　　　　　岡村由紀子

あとがき

　みなさん、いかがでしたか？

　不思議な本だと思われたかもしれません。「よくありそうな対応」をわざわざあげて「それ違うでしょ」と言ってみたり、提起した実践に「つぶやき」をわざわざつけてみたり…。それに『「気になる子」と言わない保育』というタイトル。私なら「じゃあ、なんて言うねん！」とつっこみを入れたくなるところです。

　なので、この本ができた経緯をお話します。

私たちが伝えたかったこと：子ども観・保育観を取り戻す

　私たちが伝えたかったことの1つは、「はじめに」でもあげたように、これまで大事にしてきた子ども観を大事にすることです。

　それは、気になるうんぬんにかかわらず、子ども心は同じだよね、という考えです。「気になる子」でも「楽しみがあれば我慢できる」（事例1）し、「仲間の姿を見てあこがれたり」（事例5）します。「気にならない子」と同じ発達の動態をたどるのです。

　このような子ども観から導かれる保育もこれまで大事にしてきたことと変わりません。「興味・関心を育てるあそび」（事例15）を大事にし、「1人の楽しさを共感へ」（事例10）などです。

　こう考えれば「気になる子」という表現は必要ないですし、「気になる子」に代わる名前をつける必要もありません。「気になる子」と言わなければいいのです。

　もちろん違いもあります。何に楽しみを持つかが違ったり、友だちにあこがれはじめる時期が遅かったりします。私たちの理解が及ばないものに楽しみを持っている場合もあるかもしれません。そこを見抜く目と具体的な手立てが必要です。そのために、発達や障害の知識を学ぶのです。ただ、繰り返しになりますが、そのような違いはあれ、その違いの奥を一歩くぐってみると、案外、子ども心は変わらないものです。

手を変え品を変え

とはいえ、このようなことを、普通に書いてみても伝わらないなと思いました。最近の保育者は、とにかく忙しいです。だから、入口は、とっつきやすいハウツー的なつくりにしました。それも、「よくありそうな対応」と対比させることで、私たちの思いを明確に伝えようとしました。私たちの実践の深さを知ってもらいたくて、実践につぶやき（「ここがポイントね！」）をつけました。そして、第1部のハウツーの背景をなす理論を、第2部（発達編・保育編）で書きました。

手を変え品を変えた構成のどこかで、みなさんの問題意識とかみあえばうれしいです。

正しい保育から楽しい保育へ

最近、私たちは「正しい」保育にこだわりすぎているのではないでしょうか。子どもを「正確に」アセスメントして、「正しい」と言われる保育を忠実に実施して、個別支援計画の書き方を「正しく」学んで……。しかし、このような「正しさ」から、創造的な保育は生まれません。

創造的な保育は「正しさ」ではなく「楽しさ」から生まれます。そのことを私たちは本書で一貫して伝えてきました。誰もが安心できる関係のなかで、子ども心をとらえていく……気になるうんぬんにかかわらず、そのことが保育の原点。だからこそ楽しい保育を創造できるのです。

つまり……「楽しくなければ保育じゃない！」ですよね。

あ、でも「『気になる子』と呼ぶのは園内で禁止！」「楽しくない保育をした先生はダメ！」と肩ひじ張らなくていいですよ。志は持ちつつも、まずは、無理ない範囲で一歩ずつ取り組んでください。そしたら、あら不思議、いつの間にか自然と「気になる子」って言わなくなってるし、「楽しい保育」が増えているはずです。今後、この本を間にはさんで、各地の様々な心おどる保育に出会えることを楽しみにしています。

最後に、岡村さん、金子さん、馬飼野さん、そしてひとなる書房のお二人に心より感謝します。本づくり、めちゃくちゃ楽しかったです。

　　　　2013年7月15日　手足口病にうなされながら　　　　赤木和重

【編著者】

赤木　和重（あかぎ　かずしげ）
　1975年生まれ。神戸大学大学院人間発達環境学研究科准教授。京都大学教育学部卒業、滋賀大学大学院教育学研究科・神戸大学大学院総合人間科学研究科修了。著書に『０１２３発達と保育――年齢から読み解く子どもの世界』（共著、ミネルヴァ書房）『キミヤーズの教材・教具――知的好奇心を引き出す』（共著、クリエイツかもがわ）『ホントのねがいをつかむ――自閉症児を育む教育実践』（共著、全障研出版部）『アメリカの教室に入ってみた――貧困地区の公立学校から超インクルーシブ教育まで』（ひとなる書房）他。

岡村　由紀子（おかむら　ゆきこ）
　1951年生まれ。あおぞらキンダーガーデン園長（静岡市）、平島幼稚園園長（藤枝市）。静岡県立臨時教育養成所（幼稚園課程）卒業。静岡大学大学院教育学研究科修了。著書に『４歳児の自我形成と保育――あおぞらキンダーガーデン・そらぐみの一年』（共著、ひとなる書房）『ちょっと気になる子の保育――保育者と臨床発達心理士たちが書いた二七事例』（発達支援グループ NPO まほろば編著、ひだまり出版）。
　常葉大学短期大学部及び静岡県立大学短期大学部非常勤講師

【執筆者】

金子　明子（かねこ　あきこ）
　1975年生まれ。川崎市幼児教育相談員として市内の幼稚園で巡回相談を行う。臨床発達心理士。神戸学院大学人文学部卒業、同大学院人間文化学研究科修了。著書に『ちょっと気になる子の保育――保育者と臨床発達心理士たちが書いた二七事例』（発達支援グループ NPO まほろば編著、ひだまり出版）。

馬飼野　陽美（まかいの　はるみ）
　1978年生まれ。NPO法人なのはな（静岡市）の臨床発達心理士。静岡大学教育学部卒業、同大学院教育学研究科修了。著書に『ちょっと気になる子の保育――保育者と臨床発達心理士たちが書いた二七事例』（発達支援グループ NPO まほろば編著、ひだまり出版）。

装画・扉絵・本文イラスト（第１部）／セキ・ウサコ
本文イラスト（第２部）／天野勢津子
装幀／山田道弘
DTP製作／藤森瑞樹

保育実践力アップシリーズ１
「気になる子」と言わない保育
こんなときどうする？ 考え方と手立て

2013年8月20日　初版発行
2019年8月20日　九刷発行

編著者　赤木　和重
　　　　岡村由紀子

発行者　名古屋研一

発行所　ひとなる書房
　　　　東京都文京区本郷 2-17-13
　　　　電話 03-3811-1372
　　　　FAX 03-3811-1383
　　　　E-mail : hitonaru@alles.or.jp

©2013　印刷・製本／中央精版印刷株式会社　＊落丁本・乱丁本はお取り替え致します。

MEMO

MEMO

MEMO

MEMO

MEMO

子どもと対話してつくる保育は楽しい!
新しい保育への挑戦を支える年齢別シリーズ!

子どもとつくる 保育・年齢別シリーズ
B5判 各巻本体2200円
監修 加藤繁美・神田英雄

0歳児保育 ―心も体も気持ちいい
松本博雄＋第一そだち保育園 編著
●978-4-89464-167-9

1歳児保育 ―イッショ! がたのしい
服部敬子 編著　978-4-89464-201-0

2歳児保育 ―思いがふくらみ響きあう
富田昌平 編著　978-4-89464-179-2

3歳児保育 ―イッチョマエ! が誇らしい
塩崎美穂 編著
●978-4-89464-231-7

4歳児保育 ―揺れる心をドラマにかえて
齋藤政子 編著　●978-4-89464-232-4

5歳児保育 ―本気と本気がつながって
山本理絵 編著　●978-4-89464-233-1

●挑戦も安心も大切にする保育へ
子どもが自ら育つ園庭整備
木村歩美・井上 寿 著
豊富な事例をもとに「ケガは大丈夫?」「同僚や保護者の理解を得るには?」などの疑問にこたえつつ、子どもが自ら育つ園庭に必要な視点、ハザードとリスクの見極め方、環境の安心性の視点など、実際の整備に不可欠な知見・アドバイスも。　●978-4-89464-254-6　B5判・本体2000円

●ラーニングストーリー はじめの一歩
子どもの育ちを保護者とともに喜び合う
丸亀ひまわり保育園・松井剛太 著
子どもの育ちを保育者と保護者が同じ目線に立って喜び合い、写真と文で記録し、共有し合う"ラーニングストーリー"。楽しく続けられる工夫をこらし、保育の充実にもつなげている小さな保育園の5年にわたる試行錯誤の実践です。　●978-4-89464-256-0　A5判・本体1500円

●巨大地震が来る前にできること
東北の保育者たちに学び、備える
野津 牧 編著　名古屋短期大学みんなに笑顔をとどけ隊 他著
今後30年以内の首都直下型地震の発生確率は70%、南海トラフ巨大地震は70〜80%。保育施設は何を備え、どう行動すればよいのか。東北の保育者たちの貴重な語り・教訓をもとに、子どもの命とともに保育者・保護者をも守る方策を提案。●978-4-89464-255-3　A5判・本体1600円

●どう変わる? 何が課題?
現場の視点で新要領・指針を考えあう
大宮勇雄・川田 学・近藤幹生・島本一男 編
改定のポイントと現場の声をまとめた"ディスカッションページ"に続き、「幼児期の終わりまでに育ってほしい姿」をどう考えたらいいかなど、課題や疑問点も率直に指摘しつつ、現場ではどんな実践をしていきたいかを提案。　●978-4-89464-245-4　A5判・本体1300円

●ひとなるブックレットNo.3
保育現場に日の丸・君が代は必要か?
中西新太郎 著
3つの要領・指針に共通に盛り込まれた「国旗・国歌」規定。保育現場にも学校で行われたような強制は起こるのか。保育者に広がる戸惑いと違和感を出発点に、「子どもは社会をつくる主人公」の視点から、みんなで考えあうためのブックレット。　●978-4-89464-244-7　A5判・本体700円

●乳児保育で大切にしたいこと
赤ちゃんの発達とアタッチメント
遠藤利彦 著
いつでも守ってくれる「安心と信頼の基地」があるからこそ、子どもは意欲的に外の世界に旅立てる! 人生の出発にあたって幸せに生きる力の原点となる「アタッチメントの形成」をわかりやすく紹介します。　●978-4-89464-247-8　A5判・本体1300円

●園力アップシリーズ①
保護者支援・対応のワークとトレーニング
新保庄三＋田中和子 編著
トラブルを防ぐ、大きくしない、心地よい信頼関係をつくるスキルを身につけたい。いざというとき、あわてないためにすぐに役立つ保護者との信頼関係づくりのアイディアと、トラブル対処のワーク事例を満載。園内研修テキストとして最適な一冊。　●978-4-89464-235-5　B5判・本体1800円

●園力アップシリーズ②
保育力はチーム力 同僚性を高めるワーク・トレーニング
新保庄三＋編集委員会 編著、武蔵野市／(公財)武蔵野市子ども協会 協力
同僚を知る喜び。自分をわかってもらう心地よさ。保育を語り合う楽しさが園の文化になる安心のコミュニティ。武蔵野市の保育園で十年間にわたって取り組んできたワーク・トレーニングとその成果を紹介。園内研修テキストに最適!　●978-4-89464-243-0　B5判・本体1800円

●子ども不在の保育行政に立ち向かう
先生、ボクたちのこときらいになったからいなくなっちゃったの?
大倉得史 編著　藤井 豊「青いとり保育園―解雇事件」裁判原告一同 著
あたたかい豊かな実践を積み重ねてきた京都市立病院の院内保育所「青いとり保育園」。委託先事業者の変更にともない保育は一変。全国で保育の市場化が進む中、問答無用で職場と子どもとの絆を奪われた保育者たちは、法廷で何を訴えたのか。　●978-4-89464-250-8　A5判・本体1300円

●貧困地区の公立学校から超インクルーシブ教育まで
アメリカの教室に入ってみた
赤木和重 著
発達心理学者が教室に入り込んで体験した、貧困地区の公教育の実態と、小さな私立学校で行われる「超インクルーシブ教育」。アメリカ教育の光と影を通して、日本の教育の新しいかたちを考える。　●978-4-89464-242-3　四六判・本体1700円

●保育実践力アップシリーズ①
「気になる子」と言わない保育
赤木和重・岡村由紀子 編著
大事にしたい子ども観・保育理念に支えられた確かな手立てを伝える新しい指導書シリーズ。保育で誰もが直面する問題、あなたはどう対処しますか? 22の事例を元に考え方と手立てを示す! キーワードは「子ども目線」と「集団のよさを生かす」　●978-4-89464-195-2　B5判・2色刷・本体1800円

●保育実践力アップシリーズ②
子どもとつながる 子どもがつながる
安曇幸子・伊野 緑・吉田裕子・田代康子 編著
子どもとの関係がつくれない……いつまでもクラスがバラバラ……どんな時に、どんな視点で働きかけたらいいんだろう? 保育の目のつけどころ・保育士の胸のうち・保育の勘どころの3点セットで、楽しい保育づくりの舞台裏を大公開!　●978-4-89464-208-9　B5判・2色刷・本体1800円

●保育実践力アップシリーズ③
記録を書く人 書けない人
加藤繁美 著
保育の実践記録は、その日の保育の中で心動かされたことを、事実の記録として、「日記」のように書き綴っていく、ただそれだけで十分! 楽しく書けて保育が変わる「シナリオ型記録」のすすめ。　●978-4-89464-213-3　B5判・2色刷・本体1800円

●保育実践力アップシリーズ④
どの子にもあ〜楽しかった! の毎日を
赤木和重・岡村由紀子・金子明子・馬飼野陽美 著
自我の育ち、人との関わり、認知力……乳幼児に育ってほしい「力」とは何か? それはどんな保育の中で育まれていくのか? 子ども主体の新しい発達論・保育実践論を支えに、年齢別の事例分析を通して具体的な手立てを提案します。　●978-4-89464-248-5　B5判・2色刷・本体1800円

●保育の場で
子どもの学びをアセスメントする
マーガレット・カー 著　大宮勇雄・鈴木佐喜子 訳
「学びの物語」を実践すると、子どもの「今」が浮かび上がり、保育が楽しく動き出す。カリキュラム「テ・ファリキ」に引き続いて生まれたこの新しいアセスメントの方法は、乳幼児の学びのとらえ方を大きく転換させる。待望の翻訳出来。　●978-4-89464-193-8　A5判・本体3200円

●21世紀の保育観・保育条件・専門性
保育の質を高める
大宮勇雄 著
Ⅰ いま、保育観が問われる時代／Ⅱ 市場原理と保育の質〜質の悪化を招く、日本の保育改革／Ⅲ 第三者評価・マニュアル化と保育の質／Ⅳ 保育の質研究が明らかにしたもの〜21世紀の保育と保育者の専門性。　●978-4-89464-097-9　A5判・本体1800円

〒113-0033 東京都文京区本郷 2-17-13-101　**ひとなる書房**　TEL 03-3811-1372／FAX 03-3811-1383